Lo que anhelo:
Vida después de la vida después de la muerte

Lo que anhelo:
Vida después de la vida después de la muerte

David Pawson

Anchor

**Si desea más de las enseñanzas de David Pawson,
incluyendo DVD y CD, vaya a
www.davidpawson.com**

**PARA DESCARGAS GRATUITAS
www.davidpawson.org**

**Si desea más información, envíe un e-mail a
info@davidpawsonministry.org**

ISBN 978-1-913472-68-9

Printed by Ingram Spark

ÍNDICE

Este libro está basado en una serie de charlas. Al tener su origen en la palabra hablada, muchos lectores encontrarán que su estilo es algo diferente de mi estilo habitual de escritura. Es de esperar que esto no afecte la sustancia de la enseñanza bíblica que se encuentra aquí.

Como siempre, pido al lector que compare todo lo que digo o escribo con lo que está escrito en la Biblia y, si encuentra en cualquier punto un conflicto, que siempre confíe en la clara enseñanza de las escrituras.

David Pawson 1930 - 2020

PRÓLOGO

David pasó el último año de su vida en una residencia de ancianos. Tenía mucho tiempo para pensar en el futuro, y estaba preparado para encontrarse con su Señor y Hacedor cuando llegara ese día.

Durante una visita particular para ver a David me dijo: "El Señor me preparó para un ministerio. Serví en ese ministerio, y ahora está completo. Estoy esperando la siguiente etapa de mi vida: vida, después de la vida, después de la muerte". David dijo que deseaba que este fuera el tema de su último sermón de despedida.

Debido al COVID y al aislamiento, no pudimos grabar a David por última vez, pero tenemos en los archivos una serie de charlas sobre este mismo tema que David dio a principios de los años 70 en el Millmead Centre de Guildford, que forman el contenido de este libro.

David expresó claramente su deseo de que no hubiera un servicio conmemorativo:

"No quiero ser elogiado ni que me pongan en un pedestal".

No quería que nadie "celebrara su vida", pero me dijo: "¡si esperamos hasta que recibamos nuestros cuerpos resucitados, entonces podremos celebrarlo todos juntos" con Él (JESÚS)!

David creía y enseñaba que en el momento en que morimos pasamos a estar con nuestro Señor en una forma incorpórea, a un lugar que Jesús llamaba "Paraíso", en algún lugar muy diferente a nuestro lugar de descanso final.

David no temía la muerte. De hecho, era todo lo contrario. Anhelaba con anticipación y emoción "encontrarse con Jesús y estar en su presencia, por fin". En las palabras escritas en la lápida de su abuelo:

"¡Qué reunión!".

David puede ahora obtener las respuestas a las muchas, muchas preguntas que guardaba en un archivo en el cajón inferior de su archivador llamado:

"Lo sabré cuando llegue".

David fue a estar con nuestro Señor el 23 de mayo de 2020, el Día de la Ascensión, un día que David sentía que había perdido protagonismo en el calendario de la iglesia.

El Día de la Ascensión siempre fue importante para David. Unos días antes del confinamiento, David me preguntó:

"¿Conoces la importancia del Día de la Ascensión?", y continuó:

"La iglesia celebra la crucifixión un viernes, cuando Jesús no murió un viernes, celebra su nacimiento en Navidad, cuando Jesús no nació en diciembre ni habló nunca de su nacimiento, y sin embargo el Día de la Ascensión prácticamente ha desaparecido del calendario de la iglesia".

Al responder a la pregunta de David, con cierta admiración por sus conocimientos, y con miedo a equivocarme, le dije que por supuesto que conocía la importancia del Día de la Ascensión. Tras una incómoda pausa, le pedí que me aclarara a qué se refería concretamente.

David respondió:

"Si Jesús no hubiera ascendido, no podría haber enviado el Espíritu Santo, ¡y si no hubiera enviado el Espíritu Santo, no habría habido Pentecostés! Y si no hubiera enviado el Espíritu Santo, no estaríamos sentados aquí ahora; de hecho, puede que nunca nos hubiéramos conocido".

Conocer a David fue un gran privilegio. El conocimiento que ha impartido, de forma tan clara y comprensible, es un legado que no tiene precio.

Estoy deseando que llegue el día en que podamos celebrar con él, ¡cuando recibamos nuestros cuerpos resucitados!

Hasta entonces... su ministerio continúa.

Steve

1

VIDA DESPUÉS DE LA MUERTE

Quiero empezar con un pasaje del Antiguo Testamento:

¡Es una cosa maravillosa estar vivo! Si una persona vive hasta muy avanzada edad, que se alegre de todos los días de la vida, pero que recuerde también que la eternidad es mucho más larga y que todo lo de aquí abajo es fútil en comparación. Joven, ¡es maravilloso ser joven! ¡Disfruta de cada minuto! Haz todo lo que quieras; aprovecha todo, pero date cuenta de que debes dar cuenta a Dios de todo lo que haces. Así que destierra la pena y el dolor, pero recuerda que la juventud, con toda una vida por delante, puede cometer graves errores. No dejes que el entusiasmo de ser joven te haga olvidar a tu Creador. Hónralo en tu juventud antes de que lleguen los años malos, cuando ya no disfrutarás de la vida. Será demasiado tarde entonces para intentar recordarlo, cuando el sol y la luz y la luna y las estrellas sean tenues para tus viejos ojos, y no quede ninguna cosa buena entre tus nubes. Porque llegará un momento en que tus miembros temblarán por la edad, tus fuertes piernas se debilitarán y tus dientes serán demasiado pocos para hacer su trabajo, y también habrá ceguera. Entonces, ¡que tus labios se cierren fuertemente al comer cuando tus dientes se acaben! Y te despertarás al amanecer con la primera nota de los pájaros; pero tú mismo estarás sordo y sin melodía, con la voz trémula. Tendrás miedo a las alturas y a las caídas: un anciano canoso y marchito, arrastrándose: sin deseo sexual, a las puertas de la muerte, y acercándose a su hogar eterno como van los dolientes por las calles. Sí, acuérdate de tu Creador ahora, mientras eres joven; antes de que el cordón de plata de la vida se rompa y el cuenco de oro se quiebre; antes de que el cántaro se rompa en la fuente y la rueda se rompa en la cisterna; entonces el polvo vuelve a la tierra como era, y el espíritu vuelve a Dios que lo dio. (Eclesiastés 11:7-12:7, traducido de la versión inglesa *Living Bible*).

Este es un pasaje muy práctico del Antiguo Testamento que trata de la vida real y no teme enfrentar los hechos. En este capítulo y en los siguientes, voy a tratar el tema de la vida después de la muerte. Los cristianos son los únicos que pueden enfrentar realmente este tema. Los demás deben afrontarlo con preguntas, dudas y temores. Los cristianos pueden afrontarlo a la luz de la Pascua. Vamos a tratar varios temas y aspectos de la vida después de la muerte, pero antes debemos mirar de frente y directamente el hecho de la propia muerte. Es el mayor hecho de la vida. Es la única cosa cierta que podemos predecir sobre el futuro, así que está bien que enfrentemos la muerte y la miremos a la cara, y luego la veamos como un enemigo vencido. Esto es lo que esperamos hacer en este capítulo.

Para introducir el tema voy a incluir una entrevista con un miembro de la congregación de una iglesia en la que yo era pastor, que ejercía la profesión médica y vino a hablar de este tema. Supongo que esta profesión ve más la muerte que la mayoría de las demás, con los pastores probablemente en segundo lugar. Tal vez debería poner a los que trabajan en funerarias en primer lugar, a los profesionales de la medicina en segundo lugar y tal vez a los pastores en tercero. De todos modos, tenemos en común que ambos hemos tenido bastante que ver con la muerte de una manera u otra. Voy a hacer algunas preguntas al respecto para tratar de ayudarnos a afrontar el hecho, a verlo bajo una luz cristiana y a comprender algo de su significado.

David: "Como miembro de la profesión médica, usted ha visto muchas muertes. De hecho, ha visto más muerte que quizás muchos miembros de la congregación. Me gustaría preguntarle si su reacción ante la muerte ha cambiado a lo largo de los años desde la primera experiencia hasta ahora. ¿Se ha vuelto duro o insensible, la ha tratado como algo clínico o se ha convertido en algo cotidiano? ¿Cómo se siente al respecto? Gracias".

Doctor: "Creo que es muy cierto decir que, con los años, uno se endurece ante la muerte. Es más bien como la primera operación, en la que la mayoría de la gente parece desmayarse. Evidentemente, hay que endurecerse, en el sentido de poder armarse y afrontarlo mentalmente. Pero, no obstante, el shock de la muerte, lo repentino que es a veces, lo inesperado, es algo que uno nunca puede reconciliar del todo. Por supuesto, la muerte es un enemigo permanente en la vida de cada uno. Viene quizás a derrotar lo que ha sido de otra manera una operación exitosa o viene quizás a quitar lo que ha sido de otra manera una cura muy buena. Y uno se endurece naturalmente ante l sufrimiento y la muerte; es inevitable. La oración constante de un médico cristiano, en particular, es que uno se mantenga lo suficientemente sensible, que pueda apreciar este hecho y no se vuelva duro e insensible".

David: "Retomando este punto de que la muerte es un enemigo, la Biblia lo dice también, pero para usted, su llamado es una lucha contra la muerte. Busca tener la victoria sobre ella una y otra vez, pero debe saber que al final no puede tener una victoria completa. Puede posponer a este enemigo, pero no puede aplazarlo para siempre, lo que me lleva a la pregunta de si la muerte es siempre algo malo en su experiencia. A veces escuchamos esta frase: 'Una liberación misericordiosa'. Alguien que está sufriendo, alguien que está en dolor, alguien que se ha ido y uno siente que la muerte viene como algo bueno. ¿Siente usted que a veces la muerte es algo bueno en este sentido?".

Doctor: "Aceptando el hecho, como usted ya ha dicho, de que todo el mundo debe morir y que tarde o temprano el cuerpo humano se vuelve frágil y enfermo, la muerte es entonces obviamente una liberación, y debemos aceptarla como tal. Por supuesto, esto introduce muchos otros problemas, en cuanto a si se debe acelerar cuando alguien está obviamente cerca del final. Estos problemas, por supuesto, son muy difíciles y han sido objeto de mucha controversia reciente".

David: "¿Dónde trazaría usted la raya? Algunos dicen que si el paciente pide la muerte hay que dársela; si la piden sus familiares, el pobre médico queda atrapado en este dilema. ¿Dónde trazaría usted la raya?".

Doctor: "Me parece que todo el énfasis de la formación de uno y su educación y su juramento hipocrático es que su trabajo es preservar la vida y frustrar la muerte. Por lo tanto, uno no debe adoptar el papel de verdugo. Esto, por supuesto, implica otra legislación reciente que ha pasado por el Parlamento, sobre la que muchos médicos están muy descontentos. Me parece que existe esta dicotomía, y uno se va a volver casi esquizofrénico; la mitad del tiempo uno está buscando salvar la vida, preservar la vida, curar a la gente, y por otro lado está tomando el poder de terminar con la vida. Creo que uno pierde la confianza de sus pacientes, si no están seguros de si va a llegar un día y dejar de tratarlos, sino que los va a matar. Del mismo modo, dentro de la propia mente el conflicto es muy duro. Creo que si la gente desea que haya personas que terminen con la vida, ya sea en el útero o al final, deberían formar a personas especiales para hacerlo. Creo que es imposible".

David: "Esta semana había un médico en la televisión que decía que con alguien que estuviera completamente desamparado y sin esperanza, por ejemplo, si se le instalara una neumonía, dejaría que siguiera su curso en lugar de intentar detenerla".

Doctor: "Esto es muy cierto, y creo que hay mucha diferencia entre acabar deliberadamente con la vida y frustrar, por así decirlo, el curso de la naturaleza. Si la neumonía se desarrolla en alguien que tiene una enfermedad grave e inoperable o ha tenido una operación que obviamente no ha salido bien y no hay esperanza real de una vida feliz para la persona, entonces creo que usar los recursos modernos que tenemos para prolongar la vida es un error. Del mismo modo, si alguien sufre un dolor intenso, se le administrará una inyección que aliviará el dolor, pero al mismo tiempo se sabe que bien podría acabar con su vida. Esto parece ser muy diferente a poner fin a la vida de una persona a petición suya".

David: "Creo que será mejor explicar a la congregación qué es el Juramento Hipocrático. Ha sonado un poco a hipócrita. No creo que muchos se den cuenta de que su lucha contra la muerte no se basa en un principio cristiano, sino en otra cosa, así que ¿podría hablarnos un poco de Hipócrates?".

Doctor: "Hace mucho tiempo que hice el Juramento Hipocrático y debo admitir que no podría recitarlo ni darles todos los detalles del mismo, pero básicamente consiste en que el trabajo de uno es ir a las casas de los pacientes y tratarlos y tratar de curarlos, en atenderlos, y siempre frustrar cualquier práctica tergiversada o cualquier sentido en el que se busque acabar con la vida. Todo esto forma parte del Juramento Hipocrático, que es, supongo, algo humanitario y al que se suma la fe cristiana".

David: "¿De cuándo data?".

Doctor: "Alrededor de quinientos años antes de Cristo".

David: "Así que este juramento para la profesión médica fue hecho antes de Cristo. Ahora me gustaría preguntarle sobre una de las mayores cuestiones que se nos plantean a mí y a los familiares cuando alguien es, humanamente hablando, incurable. Decírselo es una cuestión muy importante y delicada. ¿Qué opina de decirle a la gente que se está muriendo?".

Doctor: "Creo que en general es algo que uno debe hacer. Hay excepciones. A veces la gente no quiere saber, y lo deja bien claro con su actitud y su forma de hablar. Otras veces, están demasiado enfermos para que se lo digan. Otras veces, sinceramente, quizá no sean lo suficientemente inteligentes como para poder asimilar los datos que uno le va a dar.

Pero, en general, creo que el hecho de que se le diga a la gente que la enfermedad que padece ahora es algo de lo que no es probable que se recupere, aunque no se pueda fijar un tiempo concreto para ello, creo que es algo útil. Una de las cosas más trágicas, creo, es el doble bloqueo que uno ve tan a menudo con los familiares y los pacientes, donde los familiares creen que están protegiendo al paciente y el paciente sabe en su propio corazón los verdaderos hechos del caso y está engañando a los familiares".

David: "Sí, iba a decir que usted y yo hemos tenido experiencia con personas que decían: 'No se lo digas. No lo saben', y hemos descubierto muy rápidamente que sí lo sabían y que hay un ambiente artificial alrededor. ¿Quién cree que debe decírselo a la persona? ¿Quién es la mejor persona normalmente?".

Doctor: "Ciertamente, trabajando en un hospital, siento que muy a menudo nosotros no somos las personas adecuadas. Si va a ser alguien de la profesión médica, creo que el profesional que conoce al paciente y que quizás pueda elegir el momento en su propia casa y en su propio entorno. Si no, lo ideal sería pensar en alguien de la familia, un pariente. Pero creo que esto puede ser muy difícil, y depende mucho del familiar".

David: "Muy difícil, y hay un momento crucial en el que pueden darse cuenta, y más allá es demasiado tarde. La mayoría de la gente muere en paz; ¿es eso cierto o no?".

Doctor: "Sí, yo diría que sí. Creo que a veces puede haber mucho sufrimiento antes de la muerte, pero en última instancia, según mi experiencia esto sería cierto, sí".

David: "Leí en un libro de un pastor que nunca había visto a nadie morir de otra manera que no fuera pacífica, sin importar cómo había sido su vida, lo que plantea la pregunta: si todo el mundo muere pacíficamente, ¿qué diferencia ha notado entre los cristianos que mueren y los no cristianos que mueren? ¿Ha notado alguna?".

Doctor: "Sí, creo que es importante señalar este punto. Creo que algunos cristianos tienen la idea de que solo los cristianos saben morir. En cierto sentido, puede ser cierto, pero en general, si tenemos la impresión de que todos los no cristianos tiemblan y están acobardados, es erróneo. Creo que es habitual que un cristiano muera con una especie de esperanza tranquila y sosegada. Hay una paz al darse cuenta de que es como tener una anestesia antes de una operación, que es algo de lo que va a salir y despertarse. Mientras que, a menudo, el no cristiano muere con una especie de fortaleza estoica; espera lo mejor, pero si no hay nada, pues es un apagón y ya está. Creo que esta es la diferencia".

David: "¿Cómo ha afectado todo esto su propio pensamiento? Usted es un cristiano. Ha visto la muerte muy a menudo. ¿Ha pensado en su propia muerte? Esta es una pregunta personal. ¿Cómo se ha visto afectada su propia actitud por su experiencia como médico cristiano?".

Doctor: "Creo que sí. ¿He pensado en mi propia muerte? Creo que probablemente no más que usted o la mayoría de la gente de la congregación. Es como la enfermedad. Vemos tanto que no creemos que nos pueda pasar a nosotros, y a menudo los médicos son las peores personas. Suelen presentarse con los síntomas mucho más tarde que los miembros del público. ¿Me ha ayudado como cristiano? Sí, creo que sí. Estar con alguien que quizás es una personalidad muy vital y viva con la que uno está conversando y de repente, quizás, por alguna complicación que se presenta repentinamente, se va, y simplemente hay un cuerpo allí. Me parece que solo sobre la base del instinto humano, muy aparte de la fe cristiana, es imposible creer que esa personalidad se haya extinguido".

David: "¿Así que su formación científica como médico no ha descartado, en ese sentido, su creencia en la vida después de la muerte? El biólogo que diseccionó un cuerpo y dijo que no encontró un alma en ninguna parte, ¿cuál es su reacción a eso?".

Doctor: "Creo que hay muchos rasgos abstractos en la vida que no se encuentran por disección, pero no hay duda de que no se encontraría la personalidad humana. Por otro lado, la personalidad humana es algo muy real. Creo que probablemente el conocimiento científico de uno, en cierto sentido, se ve reforzado por su fe y no al revés".

David: "Muchas gracias por venir a hablar con nosotros esta mañana".

....

Estoy seguro de que conocen la historia —porque es muy famosa ahora— de cuando los primeros misioneros cristianos llegaron a Northumbria, que es mi territorio natal, en el norte de Inglaterra. Los misioneros llegaron a la corte del rey Edwin y éste los invitó a un banquete. Quiero que se imaginen la escena. Era un salón largo y bajo, con una puerta en un extremo y otra en el otro, un piso de junco, y luego lámparas alrededor de las paredes. El rey entretuvo a estos misioneros y les hizo muchas preguntas sobre su religión, que era nueva para él. Mientras hablaba, un gorrión entró por una puerta, atravesó la sala iluminada y salió por la otra. El rey Edwin se dirigió a los misioneros y les dijo: "Mi vida es así. Salgo de lo desconocido; paso por la habitación iluminada de este mundo; salgo a la oscuridad. ¿Puede su religión decirme algo al respecto? ¿A dónde voy?". Pudieron decírselo, el rey Edwin se hizo cristiano y Northumberland se convirtió en un territorio cristiano.

La pregunta que Job hizo en el Antiguo Testamento sigue siendo la más importante: "Si un hombre muere, ¿volverá a vivir?". Lo que nos interesa no es si sigo viviendo en el recuerdo de otras personas, o si sigo viviendo en el trabajo que he hecho, o en mis hijos, o en la influencia que he tenido, sino si sigo viviendo como persona. "Si un hombre muere, ¿volverá a vivir?". Esa es la pregunta que vamos a analizar en este libro. Veamos primero el hecho de la muerte, y una vez que lo hayamos mirado con detenimiento, seguiremos adelante. Pero es vital que nos enfrentemos al hecho de la muerte.

Los poetas están unánimemente seguros del hecho. He aquí solo dos. "Una cosa es cierta, y lo demás es mentira; / La flor que ha florecido, para siempre ha fallecido". O en otro poema: "La muerte apoya su mano helada sobre reyes: / Cetro y corona / Deben caer, / Y en el polvo hacerse iguales / Con la pobre torcida guadaña y la pala". Hay una muerte cada segundo, en algún lugar.

Cada vez que vamos por los caminos nos enfrentamos a la muerte. Puede llegar repentina o lentamente, de manera inesperada o esperada. Llega a los viejos y llega a los jóvenes. Nunca ha habido paros ni huelgas en la profesión de enterrador, y creo que nunca las habrá hasta el final de la historia. Ahora bien, si un hecho es tan cierto como éste, qué necio es que alguien no se prepare nunca para ello. Supongamos que usted sabe que va a Canadá dentro de seis meses y que va a vivir allí permanentemente. Sería un necio completo si nunca pensara en ello, si nunca leyera sobre Canadá, si nunca se preparara, si nunca preguntara qué debería llevar y qué debería dejar atrás. Si no se prepara para el viaje, sería un necio hecho y derecho. Lo tomaría desprevenido; no estaría preparado para ello. Sin embargo, es un hecho simple que millones de personas, sabiendo con absoluta certeza que van a morir, no quieren oír hablar de ello, no quieren pensar en ello, nunca intentan prepararse y nunca se hacen la pregunta: "¿Qué puedo llevar y qué debo dejar atrás?".

He aquí, nuevamente, algunos versículos del Antiguo Testamento: "El día en que uno muere es mejor que el día en que nace. Es mejor pasar nuestro tiempo en funerales que en fiestas, porque vamos va a morir, y es bueno pensar en ello mientras hay tiempo. El dolor es mejor que la risa, porque la tristeza tiene una influencia refinadora sobre nosotros. Un hombre sabio piensa mucho en la muerte, mientras que el tonto solo piensa en pasarlo bien ahora". Ahora bien, eso divide al mundo en la gente sabia que piensa en la muerte y la gente tonta que la aparta de su mente.

Pero para que nadie piense que eso es cosa del Antiguo Testamento, permítame recordarle que el único hombre al que Jesús llamó necio fue el hombre que nunca pensó en la muerte y que no hizo provisión para ella, un hombre que dijo: "Voy a desarrollar mi negocio, derribar mis graneros y agrandarlos". Dios le dijo: "Necio. Esta noche tu alma será requerida de ti. Vas a tener que dejar todo atrás, y nunca has pensado en esto. Nunca te has preparado para ello".

Un hombre vivía no muy lejos de nosotros, en Buckinghamshire, y cuando llegó al final del camino tenía una fuerte fe. Le dieron la noticia, y escribió a sus parientes inmediatos y los invitó a venir y quedarse. Esto fue lo que escribió en la carta: "Vengan a ver cómo muere un cristiano". Es un desafío sorprendente. Un hombre que se había preparado para esto durante años; un hombre que había estado pensando en ello; un hombre que estaba preparado para ello; un hombre que seguía su viaje y ahora estaba a punto de decir adiós.

En nuestros días, hay una extrema reticencia a enfrentar este gran hecho de la vida. Se manifiesta de muchas maneras, pero en las últimas décadas, el luto está mal visto. Ahora se considera que no está bien visto hacer duelo. No hay que dejar que la gente sepa que uno está de luto. No se debe vestir de negro. No hay que hacer que el cortejo fúnebre vaya despacio. Hay que acabar con todo rápidamente, un cambio sorprendente en los últimos cincuenta años en la sociedad británica. Recuerdo haber hablado con un sociólogo, un hombre de unos cincuenta años, que había pasado dos años estudiando la actitud británica ante la muerte. Había entrevistado a miles de personas en duelo. Había estudiado nuestra práctica social, y había llegado a la conclusión de que hoy en día Gran Bretaña huye de la muerte.

Ni siquiera debes usar la palabra "murió" para alguien. Uno puede usar "fallecer", pero no "morir". No se debe afirmar el hecho. Hay que disfrazarlo con otro lenguaje de tal manera que la gente no se dé cuenta. Ya no se leen novelas con escenas de lecho de muerte como la de la pequeña Nell en *The Old Curiosity Shop*. Ese tipo de melodrama victoriano no va más. Mientras hay una preocupación por la muerte violenta en el mundo del espectáculo y en las novelas, se evade el hecho crudo de la muerte. La gente huye de ella, incluso en la iglesia. Hace unos ochenta años, se oía a los predicadores mencionar regularmente la muerte. Ahora rara vez se oye un sermón sobre la muerte misma.

Dos hombres estaban hablando, uno de los cuales era cristiano y el otro no. El no cristiano preguntó: "¿Te has enfrentado a la muerte?", y el cristiano dijo: "Sí". "¿Crees que vas a sobrevivir a la muerte?". "Sí", dijo el cristiano. "¿Crees que irás al cielo cuando mueras?", dijo el no creyente. El cristiano dijo: "Sí, lo creo, pero no hablemos de algo tan morboso", y reveló de inmediato que incluso como cristiano, como asistente a la iglesia, sentía que hablar de la muerte y del cielo era morboso. Cuando consideramos que nuestros antepasados se alegraban de que la muerte hubiera sido conquistada, esperaban el cielo y hablaban de ello constantemente, uno se da cuenta de que la fobia —y es una fobia— se ha apoderado de la sociedad y se está introduciendo en la iglesia.

Les daré otro ejemplo. Si tomamos todos los libros de himnos producidos en las últimas décadas, nos daremos cuenta de que numéricamente, estadísticamente, hay cada vez menos himnos sobre el cielo y la vida después de la muerte en cada nuevo himnario. El número de himnos sobre el cielo está disminuyendo, por lo que estamos huyendo de este hecho. ¿Por qué? ¿Por qué a la gente no le gusta el tema? ¿Por qué queremos excluirlo de nuestras mentes? Hay varias razones.

Una, es que nos estamos poniendo demasiado cómodos aquí. La vida es demasiado buena aquí para pensar en dejarla. Nos estamos acomodando tanto aquí que el pensamiento de la muerte nos dice: "Vas a dejar todo esto". Tenemos tanto aquí que dejar ahora que somos más reacios a dejarlo. Un miembro de la iglesia iba de casa en casa visitando y llegó a la puerta de alguien y le dijo: "Venimos a invitarlo a nuestra iglesia. Nuestro pastor va a predicar una serie especial de sermones sobre el cielo y nos gustaría que viniera a escucharlo". Un padre de familia, que miraba una casa preciosa con moquetas y todo lo que el dinero podía comprar, y piscina en el jardín y un par de coches en el garaje, dijo: "Dígale a su pastor que esto es el cielo". Esta es una reacción muy honesta. La vida es demasiado buena para pensar en dejarla. Tenemos mucho más de lo que tenían nuestros abuelos. Ellos no tuvieron que dejar tanto. Nosotros tenemos que dejar mucho más, lo que significa que no queremos que nos recuerden que no estamos aquí para siempre.

Un hombre muy rico invirtió la mayor parte de su dinero en cuadros que tenía colgados por toda su gran casa, cada uno con una luz encima y todos dispuestos para que los vieran los visitantes. Una noche, su mayordomo lo vio dando vueltas con lágrimas en los ojos. Estaba mirando sus cuadros y murmuraba para sí mismo: "Haces que sea tan difícil morir. Haces que sea tan difícil morir". Por eso Jesús dijo hace dos mil años: "Inviertan en el cielo; no se hagan un tesoro en la tierra, porque donde esté su tesoro también estará encerrado su corazón. Háganse un tesoro en el cielo. Si su corazón está encerrado allí, no habrá un corte cuando llegue".

Una segunda razón es, por supuesto, que la gente ya no cree en otro mundo que no sea el que puede tocar, ver, oír, saborear y oler. En otras palabras, hay una incredulidad generalizada en cualquier otro mundo aparte de éste, un mundo material y tangible que conocemos. Hace unos treinta años, un periodista dijo: "Hace cuarenta años, el pueblo británico dejó de creer en el infierno. Hace veinte años, los británicos dejaron de creer en el cielo". Creo que probablemente tenía gran parte de razón, aunque según una encuesta televisiva independiente de Gallup, solo el sesenta y cinco por ciento de los británicos ya no cree en nada; en ningún otro mundo, en ninguna vida después de la muerte. El otro treinta y cinco por ciento aparentemente todavía lo hace.

Una tercera razón es que no nos gustan las ideas perturbadoras, y la muerte es solo una de las muchas ideas que nos perturban. Aparece en la televisión una escena en la que se ven niños muriendo de hambre y tal vez usted cambie de canal para apartar de su mente este pensamiento perturbador. Vivimos en una época en la que hay tal deseo de disfrutar del presente que podemos desconectar cualquier cosa que lo perturbe. Es muy posible que por eso huyamos de la muerte.

Una cuarta razón, y una razón profunda que siempre se ha aplicado, es que a ninguno de nosotros nos gusta terminar una relación. Cuando hemos formado una relación, no nos gusta terminarla. Es muy interesante observar que las personas se adaptan a la finalización de una relación por la muerte exactamente de la misma forma en que se adaptan a la finalización de unas vacaciones con una multitud con la que saben que no volverán a estar. Una de las formas es sacar un montón de fotos o intercambiar recuerdos. Hay todo tipo de formas de terminar las relaciones. Por ejemplo, después de haber estado quince días de vacaciones en el extranjero con un grupo de turistas. El primer día en el autobús no se conocían. A mitad de las vacaciones ya se conocen. Al final de las vacaciones, se intercambian las direcciones y no sé qué más, pero las relaciones van a terminar.

Es interesante que uno termine las relaciones de una fiesta de la misma manera que tiende a terminarlas cuando llega la muerte. O dice: "Bueno, me lavaré las manos de toda esta fiesta y no volveré a pensar en ellos. Me limitaré a rememorar los recuerdos y ni siquiera intentaré mantener la relación" o bien intentará atesorar alguna fotografía de la fiesta, algún recuerdo, pero las mismas relaciones no se mantendrán de la misma manera. En otras palabras, a ninguno de nosotros nos gusta terminar las relaciones. Pero en el fondo, yo diría que la razón por la que huimos de la muerte es que la mayoría de nosotros la tememos.

Analicemos este miedo un poco más de cerca. Una vez le preguntaron a Cliff Richard: "¿Le temes a la muerte?" y dijo una cosa sorprendente y muy aguda, de la que, como cristianos, creo que muchos nos haríamos eco, y él es cristiano. Dijo: "No le temo a la muerte, pero sí a morir". Esa fue una respuesta muy honesta. No tenía miedo a la muerte. El miedo a la muerte había sido conquistado para él por Cristo, pero tenía miedo de morir. Ahora bien, ¿por qué habría de tener miedo de morir la gente que no le tiene miedo a la muerte?

Una de las razones es la debilidad que puede precederla y llevar a ella, ya sea física o mental. Les confieso libremente que después de haber visitado a algunos ancianos que tienen que ser cuidados como niños pequeños, en extrema debilidad física y a menudo mental, me encuentro repitiendo la oración del reverendo John Wesley cuando dijo: "Señor, no permitas que viva para ser inútil". Creo que la mayoría de nosotros diría eso. No todos tendremos ese privilegio. Es maravilloso morir en plena actividad, pero creo que muchos de nosotros tenemos miedo a morir por la debilidad que le precede y, unido a eso, por el sufrimiento que puede venir antes. Creo que la mayoría de nosotros tiene esa aprensión al sufrimiento prolongado. Pero eso no es morir, sino lo que lo precede.

¿Por qué deberíamos estar preocupados por la muerte en sí misma? Mucha gente lo está. Una de las razones es, por supuesto, que se trata de una experiencia nueva que nunca hemos tenido antes, y creo que la mayoría de nosotros estamos nerviosos ante algo que nunca hemos vivido antes. Es entonces cuando aparecen los nervios. Si se ha bautizado, estoy seguro de que estaba nervioso antes de bautizarse. Ahora, sabiendo lo que implica, estoy seguro de que no volvería a estar nervioso. En cierto sentido, probablemente desearía poder bautizarse de nuevo sin el nerviosismo, porque no era necesario. Pero estaba nervioso porque era una experiencia nueva. No había sido bautizado antes. Del mismo modo, la muerte o morir es una experiencia nueva que no hemos vivido antes.

Es, también, una experiencia solitaria a nivel humano, en el sentido de que es una experiencia que debemos pasar solos, por nuestra cuenta. Aquí es donde necesitamos a Jesucristo, porque nuestros familiares no nos pueden acompañar, pero Jesús sí puede, y lo hace. He obtenido muchas pruebas de esto al visitar a personas en el hospital. Noté que un cristiano que se está muriendo no tiene una experiencia de soledad durante ese tiempo, porque Jesucristo puede acompañarlo en todo el proceso. Es una experiencia final, y aquí es donde quizás empieza a aparecer el miedo. Debemos enfrentarla con toda franqueza. Es un recordatorio de que nuestra vida ha terminado, que el tiempo de la decisión ha pasado, que el tiempo de la siembra ha quedado atrás.

No creo que haya nadie que esté leyendo esto que pueda enfrentarse al final de la vida y decir: "Puedo afrontarlo sin ningún remordimiento, sin ninguna punzada de conciencia, de modo que, si pudiera volver a vivir mi vida, no habría hecho esto de otra manera ni habría tomado aquella decisión de otra manera". Cada uno de nosotros, cuando llegue al final de su vida, se arrepentirá de cómo la ha vivido. El tiempo de la siembra ha terminado. El tiempo de la decisión ha terminado. Nuestra vida ha sido vivida y no podemos volver a tenerla. Tememos el reto de enfrentarnos a una vida terminada.

Pero la otra cara de la moneda es esta. Supongamos que ahora el tiempo de la siembra ha terminado; hay un tiempo de cosecha. Supongamos que ahora que he hecho locuras; hay una factura que pagar. Supongamos que la Biblia tiene razón y que en el fondo el instinto del corazón humano de que en el otro mundo se aplica la justicia si no lo hace en este, entonces creo que empezamos a tocar el resorte más profundo del miedo a la muerte. En otras palabras, la verdadera cuestión es ésta: si no hay nada después de la muerte, entonces la gente podría afrontarla sin miedo. Puede que no les guste, que la pospongan todo lo posible, pero cuando llegue, podrán afrontarla. Me he dado cuenta de que la gente que no cree que haya nada después de la muerte no tiene miedo a ella. Es la posibilidad de que haya algo más allá lo que provoca el miedo.

Juan Wesley iba en una carreta hacia Hyde Park Corner, Tyburn como era entonces, con un hombre que iba a ser ahorcado. El hombre que iba a ser ahorcado estaba temblando, y Juan Wesley le dijo: "¿Tienes miedo?". Él respondió: "Sí, tengo miedo". "¿De qué tienes miedo? ¿Tienes miedo de morir?". "No, no tengo miedo de morir. Me he enfrentado a la muerte cientos de veces". Había sido un salteador de caminos. John Wesley dijo: "¿A qué le temes entonces?". Respondió: "Tengo miedo de lo que hay más allá". El miedo a la muerte era el miedo a enfrentarse a su vida: el miedo a que le pidieran cuentas. Por eso, en estos capítulos vamos a enfrentarnos al futuro, a la vida después de la muerte.

Hay casi tantas ideas sobre la vida después de la muerte como personas. Algunas de esas ideas están terriblemente equivocadas. Ahora quiero darles seis con las que me he topado. En primer lugar, existe la idea de que la muerte no es real, que no sucede realmente, que es solo algo en la mente. Es una idea poco habitual. No hay mucha gente que la sostenga. Esta es una de las ideas que se relaciona con la filosofía básica y la perspectiva de la Ciencia Cristiana: que la muerte es irreal. No ocurre realmente. Solo está en nuestra mente.

En segundo lugar, está la idea que ya he mencionado de que la forma en que seguimos viviendo es en nuestros hijos, en su memoria, en el trabajo que hemos hecho. Hay un proverbio chino que dice que solo hay cuatro cosas que valen la pena en la vida: plantar un árbol, escribir un libro, construir una casa y tener un hijo. La razón es que éstas son las únicas cuatro cosas que perduran después de que nos hayamos ido y harán que la gente nos recuerde. Es una idea falsa de que es así como seguimos viviendo.

En tercer lugar, está la idea que ya he mencionado de que, cuando llega la muerte, es el final, no hay nada más para nosotros —bajó la cortina, se apagaron las luces, el olvido— nada en absoluto, simplemente nada. Ahora bien, eso es totalmente erróneo, según la Biblia. Por cierto, los que creen esto tienden a decir que el cielo y el infierno son lo que uno hace con su vida aquí y que, en realidad, la gente vive en el cielo o en el infierno aquí. Esa es también una idea totalmente falsa. Nadie en este mundo vive en el cielo o en el infierno. No podemos crear nuestro propio cielo o infierno.

En cuarto lugar, está la idea de la reencarnación, de que, después de haber muerto, volveré como otra persona. Durante un tiempo viví con dos queridas señoras que estaban convencidas de que yo era lo que ellas llamaban "un alma vieja". Durante algún tiempo no entendí este término técnicamente. Pero más tarde me di cuenta de lo que querían decir, que yo había tenido una existencia anterior. La única dificultad de esta idea era que yo no tenía ningún recuerdo de ella y, por tanto, no me servía de nada. Pero esta idea de la reencarnación está muy extendida, más en Oriente que en Occidente, pero la gente de Occidente está empezando a creer en ella. Incluso ministros cristianos están jugando con la idea en algunos casos. Esa idea, "sé amable con tus amigos cuadrúpedos, un pato puede ser la madre de alguien", es una idea que no encontrará en ninguna parte de la Biblia. Eso, por cierto, es el extremo de la reencarnación, que si uno se ha portado mal volverá como un animal y no como un ser humano.

Una quinta idea es que, cuando morimos, hemos terminado con nuestro cuerpo para siempre y nuestra alma sigue flotando hacia alguna existencia encantadora, y esa es la verdad total sobre el futuro. Eso tampoco es cierto. Nuestro cuerpo no ha terminado, como veremos. Luego está la idea que llamamos universalismo, que consiste en que todo el mundo cree que, al morir, irá a un lugar mejor. Alguien recorrió una vez un cementerio y leyó todas las lápidas y luego le comentó a uno de los hombres que trabajaban en el cementerio: "¿Dónde entierran a todos los pecadores en este lugar?", porque no vio nada más que todos son buenos, todos han ido al lugar correcto, todos son felices, etc. Pues bien, esa no es una idea bíblica, y a veces, cuando he visto la frase "Descansa en paz", y he conocido algo del nombre o de la persona cuyo nombre está encima de esas palabras, me he preguntado si esa frase no está muy lejos de la verdad.

¿Cómo podemos saberlo? Algunos dicen: "No se puede saber; no hay forma de saberlo. Tu suposición es tan buena como la mía y todos estamos en la oscuridad, así que, si te gusta creer esto, está bien. A mí me gusta creer eso. Déjame en paz". La ciencia no puede decírnoslo, porque la ciencia solo puede ocuparse de este mundo. El sentimiento no puede decirnos, pero es la guía más peligrosa en el asunto de la vida después de la muerte. El sentimiento comienza su credo diciendo: "Me gusta sentir eso", y luego añade lo que se disfruta en el sentimiento: "Me gusta sentir que él está haciendo esto" o "ella está haciendo aquello".

No, la verdadera fuente de nuestro conocimiento no debe ser la ciencia o el sentimiento, sino la Biblia. Si creemos que este libro no es solo un libro escrito por seres humanos, sino un libro de Dios que da la mente de Dios, entonces la única persona en el universo que sabe lo que sucede cuando muero es Dios. Permítame darle ciertas afirmaciones que voy a ampliar en capítulos posteriores que le da en forma resumida lo que la Biblia dice sobre la muerte.

Aquí están. Primero, la muerte es real. La Biblia se toma muy en serio la idea de la muerte. No teme usar la palabra "murió" y la palabra "muerte" con frecuencia, y si usted revisa y subraya estas palabras en su Biblia, se asombrará. La muerte es real. Se la encara de frente. La cruz es el corazón de nuestra fe. Por lo tanto, la fe cristiana se construye sobre una fe que ha mirado a la cara a la muerte en su forma más violenta, la muerte en su aspecto más horrible: la de un joven de treinta y tres años asesinado. Hemos mirado a la muerte de frente en el corazón de nuestra fe y la hemos superado, de modo que lo primero de la actitud bíblica ante la muerte es esto: la muerte es real.

En segundo lugar, según la Biblia, la muerte es un enemigo. Es un extraño. Es una intrusión hostil en el mundo. Por lo tanto, hay que luchar contra ella en nombre de Dios. Por lo tanto, es algo que no pertenece al orden de Dios, sino al de Satanás. Es algo que nunca debió ocurrirle a los hombres y a las mujeres. Es algo que está ligado al mal, por lo que los que dicen que la muerte es algo bueno están diciendo lo contrario de la Biblia. La Biblia siempre dice que la muerte es real y malo. Es algo malo. Es un enemigo. Es un ladrón, y es algo que debemos combatir.

En tercer lugar, la Biblia afirma que la muerte nunca es el final de una persona. Puede ser la separación del cuerpo y el espíritu, pero no es el fin del espíritu ni del cuerpo. Nunca es el final. Si tomamos una sola frase de Jesús para probar esto, Jesús nos enseña que todos los que están en la tumba saldrán, todos. No hay calificación alguna; la muerte nunca es el fin para una sola persona.

En cuarto lugar, la Biblia afirma que más allá de la muerte no hay un destino, sino dos y solo dos. Hay una enseñanza inequívoca en la Biblia sobre esto. No todos vamos al mismo lugar. Vamos a uno de los dos lugares.

En quinto lugar, esta vida es decisiva para cuál de esos dos destinos es el nuestro, lo que significa que lo que hacemos aquí antes de la muerte es absolutamente decisivo para lo que haremos después de la muerte.

En sexto lugar, por tanto, a la muerte le sigue siempre, aunque no inmediatamente, el juicio. Con ello me refiero al día del juicio, al día del ajuste de cuentas. El Nuevo

Testamento lo afirma de manera tan sencilla como ésta: "Está establecido que los seres humanos mueran una sola vez —eso es todo, una vez— y después venga el juicio".

En séptimo lugar, siguiendo con esto, el aguijón de la muerte es el pecado. ¿Qué queremos decir con esto? Lo que hace que la muerte sea tan horrible es el hecho de que no habremos vivido como deberíamos haber vivido antes de morir. Eso es lo que realmente hace que sea difícil de afrontar. Ese es el verdadero problema al que nos enfrentamos cuando confrontamos el hecho de que después de la muerte estaremos en una condición que ha sido decidida antes de la muerte. Es el pecado, es la maldad lo que lo hace tan difícil. Detrás de todos nuestros otros miedos a una experiencia solitaria y a una nueva experiencia, al dolor, a la debilidad, al sufrimiento, detrás de todos esos miedos está en el fondo en el corazón humano el miedo a que después de la muerte pague por lo que hice antes de morir.

Por último en este capítulo, la muerte en la Biblia es un enemigo vencido. ¿Por qué? Porque el pecado ha sido vencido. Cuando Cristo murió, el pecado fue vencido y el aguijón fue quitado a la muerte. Cuando Cristo resucitó, la muerte misma fue conquistada y es por esta razón que Jesús usó un eufemismo para la muerte. Solía utilizar la frase "se ha dormido"; tal y cual "se ha dormido". Esta es una frase encantadora. "Dejar de existir" no es una frase cristiana para usar, porque en la Biblia "dejar de existir" significa completamente terminado. "El mundo deja de existir; la profecía deja de existir", lo que significa que está completamente terminado, así que no diga "dejó de existir". Significa completamente terminado. Diga dormido, porque si dice dormido, quiere decir que esa persona está en una condición de la que puede ser despertada.

Cuando le dijeron que la hija de Jairo había muerto, recuerde que Jesús dijo: "No está muerta. Está durmiendo", lo que significa que iba a despertarla, y así lo hizo. Cuando Lázaro murió, Jesús dijo a sus discípulos: "Lázaro está durmiendo". Ellos pensaron: "Está bien. Solo está en un sueño saludable después de su fiebre", pero Jesús dijo: "No, no quise decir eso. Para ustedes, Lázaro está muerto; para mí, está dormido. Voy a despertarlo". Catherine Marshall, la esposa de Peter Marshall, el capellán del Senado de los Estados Unidos, en ese precioso libro *A Man Called Peter*, la historia de su marido, describe cómo se lo llevaron desesperadamente enfermo de casa una mañana, muy joven, y cómo ella se despidió de él. Ella sintió en su corazón que no volvería a verlo, y fue así. Las últimas palabras que le dijo fueron estas: "Te veré por la mañana. Te veré por la mañana".

Los cristianos hablan de los que se han dormido en Cristo Jesús: el pecado ha sido vencido, la muerte ha sido vencida y por eso podemos decir: "Solo están dormidos. No han fallecido. Están dormidos y serán despertados". Hablaré más de eso en el próximo capítulo, cuando hable de la condición de los que han muerto y que esperan con nosotros la mañana de la resurrección. ¿Qué sucede entre la muerte y la resurrección? ¿Qué nos dice la Biblia?

Pero alegrémonos ahora de que, entre todas las personas del universo, los cristianos puedan mirar a la muerte directamente a la cara, sin miedo, y saber que es un enemigo, pero un enemigo vencido. Recuerde las palabras de Winston Churchill sobre el difunto rey Jorge VI, que era ciertamente un cristiano. Winston Churchill dijo sobre el difunto rey: "Durante los últimos meses, el rey ha caminado con la muerte como si fuera una compañera, una conocida a la que reconocía y no temía. Durante los últimos meses, el rey se ha sostenido, no solo por su natural fortaleza de espíritu, sino por la sinceridad de su fe cristiana". Que Dios nos conceda a todos lo mismo.

2

ENTRE LA MUERTE Y LA RESURRECCIÓN

Lea Lucas 16:19-31, un pasaje en el que Jesús dijo más sobre la vida después de la muerte que en ningún otro lugar de toda su enseñanza. Tiene la forma de una historia, o de una parábola, pero se refiere a la vida y al más allá.

¿Qué le ocurre exactamente a una persona cuando muere? Ciertos procesos físicos se detienen casi inmediatamente: la respiración se detiene, los latidos del corazón se detienen, la circulación se detiene, y es por la detención de estas cosas que solemos decir: "Esta persona ha muerto". Otros procesos continúan durante bastante tiempo. Por ejemplo, el crecimiento del cabello continúa durante algún tiempo después de la muerte y una serie de otros procesos corporales continúan durante algún tiempo. Después de cierto tiempo, estos procesos también se detienen. Entonces llega el deterioro y, finalmente, la descomposición al cuerpo humano. Todos lo sabemos, aunque no queramos afrontarlo.

Esto es lo que le ocurrirá al cuerpo que uso para predicar, pero eso no es una respuesta a la pregunta: "¿Qué le ocurre a un hombre cuando muere?". Solo le he dicho lo que le ocurre a su cuerpo cuando muere, y si un hombre es solo un cuerpo, entonces he descrito todo el asunto. Ha dejado de ser. Nunca lo veremos o nos encontraremos con él de nuevo. Si un hombre es solo un cuerpo, solo una criatura física, si todo lo que pienso y siento y hago es el resultado de mis glándulas físicas y enzimas y hormonas, entonces ya he respondido a la pregunta. Pero la Biblia es bastante enfática en que un hombre es mucho más que un cuerpo; de hecho, que el cuerpo es casi una parte secundaria de él. La Biblia describe el cuerpo humano en términos de una tienda de campaña en la que vive la persona real: un tabernáculo. También describe el cuerpo como un traje que lleva la persona real, y así Pablo, por ejemplo, habla con mucha confianza y sin miedo del día en que ya no vivirá en esta tienda o en este traje, y por eso no se inquieta.

Recuerdo haber pasado por un cementerio con un hombre cristiano cuyos cuerpos de los padres yacían en el cementerio, y me dijo: "Sabes, solo pienso en sus cuerpos como abrigos. No están ahí". De hecho, una vez que uno puede ver que un cementerio no es más que un guardarropa, está en camino de tener la visión correcta de la muerte. Un cementerio es un guardarropa en el que dejamos a un lado las viejas ropas que hemos llevado durante el tiempo que haya sido, setenta, o por razón de la fuerza, ochenta años. Por eso la Biblia afirma muy enfáticamente que la persona real no es el cuerpo, por muy íntimamente que el cuerpo haya estado relacionado con la persona real. El cuerpo es la tienda de campaña, el traje que nos quitamos un día cuando ya no viviremos en él.

A un viejo y querido cristiano le preguntó un pastor: "¿Cómo estás?", y él respondió: "El techo gotea un poco, las paredes se están agrietando, pero estoy bien, estoy bien". Solo estaba diciendo lo que el Nuevo Testamento declara, lo que Pablo declaró: "Mi hombre exterior está decayendo, rindiéndose, haciendo las maletas, pero mi hombre interior se renueva cada día, haciéndose más fuerte y mejor cada día". Eso es envejecer desde el punto de vista cristiano. El exterior puede decaer y puede envejecer y cansarse; el interior debe ser cada vez más fuerte y mejor, renovándose.

En esto somos muy diferentes de todos los animales. Por lo tanto, la muerte del hombre es completamente diferente de la muerte del animal. Si el hombre fuera simplemente el producto de un proceso evolutivo, esto no sería cierto. El hombre es una combinación única de lo físico y lo espiritual, lo natural y lo sobrenatural. El significado de la muerte para el hombre, a diferencia de los animales, no es la aniquilación. No es el olvido. No es el fin de ese hombre. ¿Qué le ocurre, pues, al hombre cuando muere?

La respuesta es una que ningún médico o científico podría darle. La respuesta es que, cuando un hombre muere, es el momento de la separación entre su cuerpo y su espíritu. Eso es lo que entendemos por muerte: el momento en que dos cosas que han estado íntimamente unidas, tan cercanas que no podemos pensar en ellas separadas, sin haberlas conocido nunca separadas, se separan y se convierten en dos cosas distintas.

Este es, pues, el significado de la muerte, y es muy interesante que incluso en el habla popular la gente lo reconozca. Alguien me dijo una vez: "Oh, es difícil mantener el cuerpo y el alma juntos en estos días". ¿Qué quería decir? Quiso decir precisamente lo que dijo. Mantener esas dos partes juntas es la vida. La muerte es cuando se separan, así que vivir es mantener el cuerpo y el alma juntos. Tomemos otro dicho. La gente habla de no entregar el espíritu todavía. ¿Qué quieren decir? Significan precisamente lo mismo. No aceptes tanto la muerte como para permitir que tu espíritu se escape de tu cuerpo ahora. El mismo punto-punto-punto, raya-raya-raya, punto-punto-punto, SOS, es precisamente mantener nuestras almas y nuestros cuerpos. Mantenerlos juntos, salvar nuestras almas, aunque sea el cuerpo el que esté en peligro.

Ahora bien, la Biblia lo pone así de simple y esto es lo que, por ejemplo, dice el libro del Eclesiastés sobre la muerte, definiéndola: "Volverá entonces el polvo a la tierra, como antes fue, y el espíritu volverá a Dios, que es quien lo dio". La muerte es la separación entre estas dos cosas. Sabemos lo que ocurre con el cuerpo. Vino del polvo de la tierra. No hay una partícula en mi cuerpo que no se encuentre en la corteza de la tierra en algún lugar, y vuelve a eso: vino de eso: "Polvo eres, y al polvo volverás". Si se frota las manos y sigue frotando, puede producir en una hoja de papel blanco un pequeño montón de polvo gris, las células muertas de su piel. Puede mirar ese polvo y decir: "Eso es un pedacito de mi cuerpo que vuelve al lugar de donde vino". Eso es lo que le ocurrió al cuerpo. Lo sabemos, pero la pregunta que me preocupa ahora es: "¿Qué pasa con el espíritu?".

Santiago, en el Nuevo Testamento, para que no piense que me estoy basando totalmente en la enseñanza del Antiguo Testamento en este capítulo, dice: "El cuerpo sin el espíritu está muerto". En otras palabras, eso es precisamente lo que constituye la muerte. El cuerpo está ahora sin el espíritu. Los dos se han separado y están separados. Creo que es muy interesante que cuando Jesús murió, prácticamente nos dijo lo mismo. Su cuerpo estaba cerca del final de su vida terrenal después de treinta y tres años y horas de tortura. ¿Qué le dijo a Dios en el último momento de su vida? No dijo: "En tus manos me encomiendo" o "En tus manos encomiendo mi cuerpo". Su cuerpo tendría que ser cuidado por otros. Dijo: "En tus manos encomiendo mi espíritu" y, habiendo dicho esto, entregó el espíritu. La parte espiritual de él la entregó a Dios. José de Arimatea tuvo que ocuparse de la parte física; se produjo la separación de ambas cosas.

Esta idea encaja muy bien con la filosofía moderna y con la antigua filosofía griega, que era el principal tipo de pensamiento en la época de nuestro Señor. Los que creen en la vida después de la muerte aceptan este marco general, que cualquier otra que incluya no puede incluir este cuerpo. Este cuerpo debe ser dejado atrás. Si hay una vida después de la muerte, debe ser porque la parte espiritual del hombre sobrevive. Ahora bien, eso encaja con el pensamiento ordinario hasta que el Nuevo

Testamento hace una afirmación sorprendente: que esa no es la condición final de una persona. Es solo una separación temporal; que, de hecho, viene un día en que el cuerpo y el alma se unen de nuevo.

Esto es lo que significa la palabra "resurrección", que solo usan los cristianos. Los griegos, si se hubieran puesto de pie para recitar su credo, habrían dicho: "Creo en la inmortalidad del alma, en que esta parte espiritual sigue para siempre", pero los cristianos, cuando se ponían de pie y decían lo que creían, decían: "Creo en la resurrección del cuerpo". En otras palabras, en algún momento futuro después de la separación del cuerpo y el alma, ambos vuelven a unirse. Eso es lo que entendemos por resurrección, y lo creemos. ¿Por qué lo creemos?

En primer lugar, porque Jesús en realidad hizo esto para un puñado de personas. Reunió de nuevo el cuerpo y el alma. En algunos casos, fue unas horas después de la muerte; en un caso, fue cuatro días después de la muerte. Pero demostró que tenía el poder de hacer que el cuerpo y el alma volvieran a relacionarse entre sí incluso después de que el cuerpo hubiera estado sujeto a la decadencia y la desintegración. ¿Recuerda las prácticas palabras de Marta cuando Jesús le dijo: "Abre esa tumba"? En el clima de Oriente Medio, ella tenía toda la razón al decir: "No está en condiciones de ser abierta en este momento". Ella lo dijo en un lenguaje más directo que ese, y Jesús dijo: "Abre la tumba. Yo soy la resurrección y la vida. Tengo el poder de reunir el cuerpo y el alma, incluso después de que la corrupción se haya instalado".

Creemos firmemente en esta posibilidad de que el cuerpo y el alma vuelvan a reunirse a causa de la Pascua; porque el propio Jesús fue reunido tres días y tres noches después de haber dicho: "Encomiendo mi espíritu en tus manos". Tres días y tres noches después de que su cuerpo fuera devuelto a la tierra de la que salió, el cuerpo y el espíritu se reunieron. Este es el corazón de nuestra fe cristiana, e incluso a algunos cristianos les resulta difícil de creer. El mundo lo encuentra imposible. Cuando volvió de entre los muertos, Jesús dijo: "Miren, ya no soy un espíritu". Había sido un espíritu durante tres días y tres noches, pero dijo enfáticamente después de su resurrección: "No soy un espíritu, porque un espíritu no tiene carne y huesos como ven que tengo yo. Vengan y tóquenme". Les invitó a hacerlo para demostrar que ya no era un espíritu, de modo que la mayor diferencia entre un cristiano y los demás es que el primero piensa en la vida después de la muerte. Si los demás creen en la vida después de la muerte, creen que sobrevivimos eternamente como espíritus.

Los cristianos creen que llegará un día en el que ya no seremos espíritus, sino que volveremos a ser personas encarnadas, personas que tienen carne y huesos con los que pueden expresarse. Eso hace que el cielo sea muy real. Eso hace que el cielo sea un lugar, por cierto, y por eso Jesús lo llamó lugar y no un estado del alma. Por eso el arzobispo William Temple dijo una vez: "El cristianismo es la más materialista de todas las religiones del mundo". Cree en la resurrección del cuerpo, la redención de nuestros cuerpos, que todos esperamos. En otras palabras, cuando Dios salva a una persona, no solo salva su espíritu. Un día salvará también su cuerpo, su totalidad, y hará que la totalidad sea lo que él quería que fuera.

Ahora llego al tema principal. Puede haber parecido un rodeo algo largo, pero el punto que ya habrán captado es este: para el propio Jesucristo y para nosotros, hay un intervalo entre la muerte y la resurrección. Entre la separación del cuerpo y el espíritu y su reencuentro, hay un intervalo. Largo o corto, hay un intervalo durante el cual seremos espíritus desencarnados, como lo fue Jesús. La gran pregunta que surge es: "¿Cómo será eso? ¿Qué nos ocurrirá en ese intervalo? ¿Estaremos inconscientes o despiertos? ¿Dónde estaremos? ¿Qué haremos?". En este capítulo quiero abordar estas preguntas.

El intervalo para nuestro Señor fue de tres días y tres noches; no es un intervalo muy largo, pero un intervalo no obstante. Los cristianos siempre han estado seguros de que sería un error decir que estaba en el cielo. Una de las frases del Credo de los Apóstoles, que la mayoría de los cristianos han aceptado y utilizado como un resumen correcto de la enseñanza bíblica, dice: "Descendió al hades". Por cierto, la palabra "infierno" (hell) fue una alteración inglesa/española, y nunca debería haber entrado. Es una de las cosas que más inducen al error.

"Sufrió bajo Poncio Pilato, fue crucificado, murió y fue enterrado. Descendió al hades". La palabra "hades" no es la palabra "infierno" y no debe confundirse con ella. No es necesariamente una mala palabra o un mal lugar o un mal estado. Es una palabra que simplemente significa el reino de los espíritus difuntos. Significa dondequiera que estén los espíritus difuntos y lo que sea que estén haciendo. Eso es a lo que la Biblia se refiere, en el Nuevo Testamento, en el idioma griego, como hades. Pero en el Antiguo Testamento, en el idioma hebreo, es sheol. Si lee la versión inglesa Revised Stadard Version de la Biblia, que creo que es la mejor que tenemos disponible, encontrará que en todo el Antiguo Testamento, la palabra utilizada es sheol, y en el Nuevo Testamento, hades, para el intervalo entre la muerte y la resurrección.

Así que el Credo de los Apóstoles dice: "Padeció bajo Poncio Pilato, fue crucificado, murió y fue sepultado. Descendió al hades. Al tercer día resucitó [cuerpo y espíritu reunidos] y subió al cielo". La palabra "cielo" se mantiene para la persona resucitada corporalmente. Creo que aclararía mucho nuestro pensamiento si los cristianos también mantuvieran la palabra cielo para después de la resurrección, cuando tendremos cuerpos y viviremos en el lugar que él ha preparado para nosotros. Pero ahora volvamos al hades. ¿Hay alguna pista sobre cómo es y qué ocurría en el hades cuando Jesús fue allí? Murió; se convirtió en un espíritu incorpóreo durante tres días y tres noches.

La primera pista está en algo que le dijo a un ladrón moribundo que dijo: "Señor, acuérdate de mí en ese día futuro cuando llegues a tu reino". Obviamente, estaba pensando en el cielo. Pensaba en un día muy lejano, creía que Jesús era el Cristo y que podía hacer entrar a la gente en el reino de los cielos al final de la historia. Dijo: "Señor, cuando eso ocurra, ¿podrías llevarme? ¿Podrías llevarme contigo a él? ¿Podrías acordarte de mí?". Nuestro Señor dijo que haría más que eso: le prometería algo ese día.

Ahora ve qué respuesta tan maravillosa fue. "Señor, cuando vengas a tu reino en un futuro lejano, sea cuando sea, ¿podría yo estar en él?". Jesús dijo: "Hoy, puedo consolarte con algo ahora mismo". Esto significa, por supuesto, que no hay que limitar el consuelo que se da a los cristianos cuando mueren a cosas que están en un futuro lejano. Se pueden decir algunas cosas sobre el intervalo, que son suficientes para que esperen con ansias. Lo que Jesús dijo al ladrón moribundo fue: "Hoy estaremos juntos en el paraíso". No usó la palabra cielo, y nuestro Señor siempre fue cuidadoso en el uso de las palabras, para no causar malentendidos. Cada palabra que nuestro Señor usó cuenta, y deliberadamente usó la palabra paraíso.

Esta es una palabra muy interesante. Es una palabra persa. Significa esencialmente un jardín, y particularmente el jardín de un rey. Piense en el jardín fuera del Palacio de Buckingham, con ese alto muro alrededor, en el que puede o no haber estado. Yo no he estado, y supongo que usted tampoco. Puede que lo hayan visto desde lo alto de un autobús, y puede que eso sea lo más cerca que la mayoría de nosotros estemos de él, pero ahí está. Es el paraíso de Su Majestad. Eso es lo que significa la palabra. Es su jardín privado. Cualquiera que sea invitado por la reina puede entrar en él, pero hay que esperar esa invitación. Si camina con ella en su jardín es por su invitación, gracia y favor. El paraíso, en la Biblia, que, por cierto, es la palabra que también se usa para el jardín del Edén y que vuelve a aparecer al final de la Biblia en relación con la ciudad jardín, se refiere al jardín del Rey.

Ahora bien, note que el jardín no es el palacio. El jardín no es la casa del Padre. El jardín no es un lugar con habitaciones. Cuando nuestro Señor hablaba de la casa de su Padre y de muchas habitaciones, se refería claramente no al intervalo después de la muerte, sino al futuro lejano, porque dijo que vendría de nuevo y entonces podríamos ir con él a la casa de su Padre. Pero lo que le está diciendo al ladrón es que, si no podía llevarlo ahora a la casa de su Padre, podría llevarlo al jardín del Rey, y caminar con él en el jardín. Allí estarían juntos.

Esa es una pista que empieza a decirnos que, en cierto sentido, el intervalo está mucho más cerca del reino de lo que podemos estar aquí. Por así decirlo, casi se podrían describir las tres etapas así: la etapa número uno es estar en el techo de un autobús que atraviesa Londres y vislumbrar el Palacio de Buckingham en la distancia. Esa es la vida que disfrutamos aquí. La segunda etapa es entrar en el jardín, más cerca aún, y caminar con el Rey. La tercera etapa es entrar en el propio palacio, en la sala reservada para nosotros como creyentes. Si lo pensamos así, nos daremos cuenta de que el paraíso será mucho mejor que todo lo que hemos tenido aquí, especialmente porque caminaremos en tan estrecha comunión con el Rey.

Antiguamente, y aún hoy en día en algunas zonas, un palacio no solo tenía un jardín privado donde el rey podía pasear con sus amigos. Un palacio también tenía una mazmorra, una celda, que no formaba parte del propio palacio. Era una cárcel, y es muy interesante que haya indicios, también más que indicios en el Nuevo Testamento, de que en el intervalo no solo hay un jardín, sino una cárcel. Una de las afirmaciones más extraordinarias que se hacen, que está ahí en la Biblia y sobre la que se construye el Credo de los Apóstoles, es una declaración de Pedro, el gran pescador, en el sentido de que cuando Jesús murió, estuvo muerto en la carne, pero vivo en el espíritu, y fue a predicar a los espíritus en la cárcel. Se nos dice a cuáles en particular fue a predicar, lo cual es muy importante.

Fue a predicar a los espíritus de los ahogados en el diluvio de Noé. Los que niegan la historicidad del diluvio de Noé se encuentran con un problema aquí, porque estas son las personas a las que Jesús fue a predicar entre su muerte y su resurrección. Observe que se dice que están en la cárcel, no en el jardín. Existe este otro lugar. Volveré a esta extraña afirmación dentro de un momento, pero ¿puede sentir ya que la Biblia está diciendo que, aunque no ingresamos al cielo o al infierno en la muerte, después de la resurrección y en el futuro, ya hay en el intervalo una distinción entre dos condiciones, condiciones de espíritus más que cuerpos. Una condición se asemeja a un jardín y la otra a una cárcel, y ambas pertenecen al Rey.

El resto del Nuevo Testamento parece basarse en esta imagen. Es una imagen, y debemos aceptarla como tal. No podemos empezar a imaginarnos cómo es ninguno de los dos en detalle o en la realidad, pero si pensamos en una cárcel y si pensamos en un jardín, nos hacemos una idea correcta. Tomemos primero la cárcel, porque siempre prefiero sacarla del camino y luego pasar al jardín y terminar con una nota feliz. Se habla muy poco de la cárcel. Será un lugar de segregación. Eso es lo que significa ir a la cárcel. No es la dieta de la cárcel, ni nada de lo que sucede allí. Uno está aislado, excluido. Ese es el significado de la cárcel.

Judas estará allí. Se dice que, cuando Judas se ahorcó, fue a su propio lugar, y este es claramente el lugar. Algunos de los ángeles estarán allí y, de hecho, se nos dice dos veces en el Nuevo Testamento que Dios ya ha puesto a algunos de los ángeles en custodia hasta el día del gran juicio tanto de los ángeles como de los hombres. Habrá muchas otras personas allí. Creo que el segundo ladrón estará allí. El primer ladrón estará en el jardín, pero creo que el segundo estará allí, por lo que si bien es un lugar de segregación eso no significa que no habrá mucha gente allí.

Significa que será una segregación de Dios y del pueblo de Dios, y lo entendamos o no, esa es la peor clase de segregación que puede haber. Algunas personas en este mundo están perfectamente felices de vivir sin Dios y de alejarse del pueblo de Dios tanto como puedan. No les gusta los cristianos y no les gusta el Cristo al que los cristianos adoran. Pues bien, francamente, conseguirán su deseo más querido inmediatamente después de morir, pero empezarán a darse cuenta de lo mucho que echarán de menos a ambos. También hay sufrimiento, y estaría mal por mi parte si no lo dijera. Lo que es, no lo sé. Será un sufrimiento mental, porque en la historia que leí antes, nuestro Señor indica claramente que la memoria seguirá activa y el arrepentimiento será una de las cosas más terribles que se puedan soportar. Será el arrepentimiento de saber que tu vida ha terminado, que la muerte ha sellado tus decisiones, que tu curso futuro está fijado y que realmente no hay forma de alterarlo ahora.

Se pueden decir tres cosas sobre la cárcel, todas ellas definitivas. Primero, los que están en ella no pueden volver de esa cárcel a la vida misma. Nuestro Señor lo dijo claramente. La segunda cosa que podemos decir definitivamente es que no pueden pasar al jardín. Están en una cárcel preventiva, a la espera de comparecer ante el tribunal, y no hay fianza. En tercer lugar, deben pasar de ahí a otra cosa. Esta no es una condición permanente. Es el intervalo de espera.

Ahora me ocuparé del paraíso y aquí encontramos algunas cosas hermosas. No es el palacio, sino el parque que rodea al palacio. Así es como debemos considerarlo: un paso más cerca de nuestro hogar celestial, mucho más cerca. Hay ciertas cosas en este jardín que son hermosas. Permítanme decir de inmediato que en el intervalo no debemos preocuparnos por la cuestión del dónde. Al ser espíritus incorpóreos, las relaciones espaciales, los lugares, no se aplican. Por lo tanto, preguntar dónde están es hacer una pregunta que no puede ser respondida. Cuando llegamos a la tercera etapa, podemos empezar a hablar de un lugar ("voy a preparar un lugar"), pero no debemos pensar en el jardín o la cárcel como un lugar necesariamente espacial. Los espíritus desencarnados no necesitan un lugar. Estamos hablando de estados.

En segundo lugar, no estoy seguro de que nos ayude mucho la pregunta "¿Cómo es?" más que preguntar "¿Dónde está?". Pero hay una pregunta que me parece que preocupa a mucha gente y es si van a estar despiertos o, por el contrario, en una especie de estado de Rip Van Winkle, dormidos por los siglos. Es interesante que su nombre (RIP) figure en tantas lápidas. ¿Estamos en un estado de sueño e inconsciencia durante siglos y luego despertamos, de modo que, de hecho, después del momento en que morimos lo siguiente que sabemos es que nos despertamos en la resurrección, o estamos de hecho conscientes?

No hay duda de que el Nuevo Testamento tiene una serie de pasajes en los que se dice que los muertos se han dormido en el Señor. Esta es una frase que se utiliza varias veces, pero el punto que quiero hacer es este. Las almas, los espíritus, no pueden dormir. El sueño es una función física. Solo los cuerpos pueden dormir y, por lo tanto, la frase "quedó dormido" estoy seguro de que se refiere a la apariencia del cuerpo. Físicamente, una persona está dormida cuando está muerta. Es su apariencia. Es una palabra muy buena para describir su condición. También conlleva la posibilidad de que el cuerpo sea despertado, pero creo que pisamos terreno peligroso si empezamos a aplicar la palabra sueño a los espíritus así como a los cuerpos y creemos en lo que se llama sueño del alma. Los Adventistas del Séptimo Día creen esto y también varias otras sectas, pero no puedo ver su justificación.

Por el contrario, Pablo dice: "Ya sea que estemos despiertos o dormidos, vivimos con él". No creo que Pablo hubiera dicho eso si fuera inconsciente. La verdadera cuestión sobre el intervalo no es dónde está, ni qué es, sino con quién está. Lo glorioso que los cristianos esperan aquí es que estaremos con Cristo. Si estoy inconsciente, eso no me atrae ni un poco. Yo diría que eso sería mucho peor que estar aquí, porque aquí puedo estar consciente y hablar con Cristo. Nadie diría nunca "Anhelo partir y estar con Cristo" si estuviera esperando siglos de comunión inconsciente.

Es muy claro que el énfasis del Nuevo Testamento está en la comunión consciente, y el espíritu puede ser consciente aparte del cuerpo. Pablo dice en un momento que conoció a "un hombre en Cristo" que fue "arrebatado al tercer cielo". Un día fue al cielo. Durante su vida fue al cielo, hizo una visita. Pablo dice esto: "Si fue en el cuerpo o fuera del cuerpo, no lo sé". Lo que quiere decir es que se puede estar consciente fuera del cuerpo. De hecho, es así, y por eso creo que esperamos tener una comunión consciente con Cristo. ¿Solo con Cristo? No, mucho más: con todo el pueblo de Cristo, ya sea que haya vivido antes o después de su tiempo. Su pueblo: estaremos con él.

Estaremos con Abraham. ¿Se dio cuenta de que Abraham era cristiano? Es así. "Abraham se regocijó al ver mi día", dijo Jesús, "y se alegró". Un hombre que se regocija al ver el día de Jesús es un cristiano. Cuando Lázaro, aquel mendigo, murió se encontró sentado junto a Abraham en el jardín. Nos encontraremos con Abraham, y con Isaac, y con Jacob, y con todos los hombres de fe del Antiguo Testamento y con todas las personas de fe desde el Nuevo Testamento. Estaremos con cristianos, con el pueblo de Cristo. Es la fiesta del jardín del Rey.

La tercera cosa es que estaremos con ángeles. Sé esto, que ya sea que vaya a la cárcel o al jardín, usted creerá en los ángeles los primeros cinco minutos después de morir, incluso si nunca ha creído en ellos antes. Se encontrará con ellos, y uno de los pensamientos más hermosos para mí es que, aunque muera solo, no querido, sin que nadie me ayude, Dios tiene ángeles esperando justo al otro lado para cuidarme. Sus sirvientes, el personal del palacio, están esperando en el jardín. Lázaro murió y ni siquiera tuvo un funeral. Era un mendigo. Nadie se preocupó por él. Pero los ángeles se lo llevaron a Abraham.

Estaremos con Cristo. Estaremos con cristianos. Estaremos con ángeles. No es de extrañar que, aunque Pablo sabía que iba a estar sin ropa durante el intervalo, sin cuerpo, sin carne ni huesos, prefiriera estar lejos del cuerpo y en casa con el Señor. Por eso, cuando se enfrentaba a una muerte segura, aunque una parte de él quería quedarse y ayudar, anhelaba partir y estar con Cristo. Es el paraíso para el cristiano. A un gran santo le hicieron esta pregunta: "¿Qué es lo que más espera como cristiano?". Después de pensarlo un momento, dijo: "Los primeros cinco minutos después de la muerte". Había entendido la Biblia. Conocía la verdad, y se refería honestamente a eso.

Ahora responderé brevemente a seis preguntas que me han hecho a lo largo de los años sobre el intervalo entre la muerte y la resurrección.

La primera pregunta: ¿qué decide si vamos a la cárcel o al paraíso en el intervalo? Abordaré la cuestión del juicio en el capítulo 4, y la respuesta es que lo mismo que decide nuestro destino final decide el destino intermedio. En una frase, los que nunca han oído hablar de Cristo serán juzgados en cuanto a si han estado a la altura de la luz que han recibido a través de la conciencia, la creación y otras vías. Los que han oído hablar de Cristo serán juzgados por su respuesta a él. Ambas cosas suceden en esta vida y no en el intervalo. De hecho, lo que hacemos en esta vida decide no solo la tercera etapa, sino la segunda. El capítulo 4 dará una respuesta completa a esa pregunta.

Segunda pregunta: ¿hay una segunda oportunidad? Esta es una pregunta que se hace mucha gente. Hoy en día, cada vez más personas creen que la hay. Puedo decir que el único indicio que puedo encontrar en la Biblia de una segunda oportunidad para alguien es el pasaje de Pedro sobre los que fueron juzgados prematuramente y se ahogaron en los días de Noé. Por lo demás, la evidencia en la escritura es abrumadoramente en contra de cualquier posibilidad de una segunda oportunidad. Hay un gran abismo fijado y la muerte parecería ser el fin de la elección. Es algo con lo que uno no debería jugar o arriesgarse.

Tercera pregunta: ¿y el purgatorio? Los católicos romanos han añadido una serie de detalles, o compartimentos si se quiere, al intervalo entre la muerte y la resurrección. Por ejemplo, han enseñado sobre lugares como el *Limbus Infantum*, el limbo, para abreviar, donde van los bebés no bautizados y varias otras cosas. Uno de los lugares en los que creen es el purgatorio. En sus enseñanzas, este lugar tiene dos propósitos: primero, es un lugar donde pagamos por nuestros propios pecados a menos que hayan sido perdonados aquí. Por lo tanto, es un lugar de castigo. En segundo lugar, es un lugar de purga o limpieza, donde los que mueren antes de ser lo suficientemente santos para entrar en el cielo pueden ser puestos gradualmente en condiciones de hacerlo.

En otras palabras, hay dos tipos de santos que mueren: los que son perfectos y están preparados para el cielo, y son canonizados y llamados santos, y los que no están preparados, es decir, la mayoría de nosotros que debemos ir a esta escuela adicional, por así decirlo: los que creen en Jesús, pero no son lo suficientemente santos como para vivir en el cielo. Es debido a esta creencia en el purgatorio que otras prácticas y creencias se apoderan de la gente que cree en él, prácticas y creencias como las misas por los muertos, las indulgencias, la penitencia, etc. Todas ellas están relacionadas con esta creencia en el purgatorio. Solo puedo decir que en ninguna parte de toda la Biblia encuentro un solo rastro de la idea del purgatorio.

De hecho, hay tres razones por las que me parece imposible que exista tal lugar. Primero, Jesús fue castigado por todos mis pecados. ¿Por qué, entonces, tengo que serlo yo? Eso me parece concluyente. Segundo, cuando muera físicamente, eso me liberará de este cuerpo de pecado y muerte. He terminado con el pecado; he terminado con Satanás; he terminado con la tentación. No se puede tentar a un cadáver, y es a través de este cuerpo de pecado y carne que Satanás se apodera de mí de una manera u otra, ya sea la lujuria de los ojos, la lujuria de la carne o el orgullo de la vida. Todo está relacionado con la vida en este cuerpo. En tercer lugar, si mi muerte física me libera de todo pecado, cuando Cristo vuelva, sé que seré como él, porque lo veré como él es. Seré como él y por lo tanto no hay necesidad de esta escuela de limpieza. Por lo tanto, partiendo de la Biblia no puedo aceptar en absoluto la idea del purgatorio.

Cuarta cuestión: ¿está bien orar por los muertos? Esta es una cuestión muy real hoy en día, porque hace unas décadas, la Iglesia de Inglaterra sacó un servicio en el que se incluían oraciones por los muertos. Cada vez es más habitual hacerlo. El orden oficial de servicio elaborado conjuntamente por los católicos romanos, los anglicanos y Free Church Council incluye oraciones por los fallecidos en las dos guerras mundiales. ¿Qué pensamos de esto? Es obvio que, si alguien ha estado orando por una persona durante años y años, no puede simplemente dejar de hacerlo. Es obvio que uno sigue pensando en las personas que han muerto y hablando de ellas. Es obvio que, puesto que comparte todo con el Señor, seguirá hablándole de los que han muerto en él.

No hay nada en las escrituras que sugiera que no debamos hablar de los que han muerto en nuestras oraciones, pero eso es muy diferente a orar por ellos. Porque si alguien dice: "Quiero orar por alguien que ha muerto", mi pregunta será: "¿Qué vas a orar por la persona? ¿Qué necesidad crees que tiene para que tu oración la ayude?". Cuando esa pregunta es contestada, empezamos a darnos cuenta de que las oraciones por los muertos son inútiles. Si una persona no es salva en el momento de su muerte, se ha fijado ese gran abismo y, si es salva, entonces es un acto de incredulidad pedirle a Jesús que se ocupe de ella. Él ha prometido hacerlo y podemos estar absolutamente seguros de que todo lo que desearíamos para nuestros seres queridos que es correcto y bueno Jesús ya se lo está dando. No hay necesidad de pedirle que lo haga.

Él ha prometido cuidar completamente de nosotros desde el momento en que muramos y, por tanto, las oraciones por los muertos no son practicadas, con razón, por quienes aceptan las promesas de la Biblia. Son los que no están seguros de la vida después de la muerte los que orarán por los muertos. No hay ningún ejemplo o exhortación bíblica para orar por los muertos, y me llama la atención que un libro que nos dice constantemente que oremos por los vivos no nos diga ni una sola vez que oremos por los muertos. Solo hay una mención de una oración por los muertos en un escrito, y es en el segundo libro de los Macabeos, que está en los Apócrifos, que no está en la Biblia pero que está, como sabe, en la Biblia romana.

Quinta pregunta: ¿los muertos nos observan y pueden orar por nosotros? Aunque Hebreos 12 habla de una gran nube de testigos a nuestro alrededor, es un poco ambiguo en cuanto a si significa que nos observan a nosotros o que miran a Jesús. Es ambiguo en cuanto a si significa que debemos tomar inspiración de ellos o intercesión. Yo me inclinaría, aunque no puedo ser dogmático, a decir que están ahí para nuestra inspiración, más que para la intercesión. Una vez que creemos que los muertos oran por nosotros, es un paso corto ofrecer oraciones *a* los muertos, *a* los santos, no solo *por* ellos. Más bien, debemos creer en la comunión de los santos. Cristo tiene dos manos. Con una mano sostiene a los que estamos en la tierra. Con la otra mano sostiene a los que han vivido y muerto en su fe y temor. Nuestra comunión es a través de él, más que directa, y cuando tenemos el servicio de comunión, disfrutamos de la comunión de los santos y de la dulce comunión mística con aquellos cuyo descanso está ganado.

Pregunta final: ¿podemos comunicarnos con los muertos? En el próximo capítulo, voy a tratar el tema del espiritismo, pero la respuesta en pocas palabras es que la Biblia prohíbe absolutamente al pueblo de Dios que intente comunicarse con los muertos. En el próximo capítulo, le diré por qué..

3

LA RESURRECCIÓN

Lea 1 Corintios 15:35–58

En estos capítulos, no solo estamos hablando de la Palabra de Dios, sino que hablamos con personas que han tenido que elaborar esto en su vida diaria y reflexionar sobre ello. En este capítulo, voy a incluir una charla que tuve con el Sr. Ennis Matthews hace algunas décadas. Había sido miembro desde 1938 de la iglesia de la que yo era pastor.

David: "Matt, tú trabajas como fisioterapeuta. ¿Podrías resumirlo en unas pocas frases? Dinos en qué consiste".

Matt: "La mayoría de la gente, creo, conoce mi definición habitual de esto, pero está a medio camino entre un luchador y un veterinario. La fisioterapia como tal significa la curación de cosas por medios físicos, y eso significa que en gran medida uno está tratando con lo que podríamos llamar la mecánica del cuerpo: su construcción, la forma en que está hecho, la forma en que estas cosas se desordenan en gran medida a través de los músculos, las articulaciones, los nervios, los ligamentos. A veces también otras partes; nos ocupamos de los pulmones e incluso de los órganos digestivos ocasionalmente. Pero es en gran medida la mecánica del cuerpo en la que nos ocupamos. A diferencia de los cirujanos, que hoy en día pueden poner piezas nuevas o, al menos, parcialmente usadas, tal vez dañadas, nosotros tenemos que remendar las piezas que quedan y sacar lo mejor de lo que tenemos".

David: "Aun así, Matt, debes haber llegado a algunas conclusiones similares a las del salmista que dijo: 'Asombrosa y maravillosamente he sido hecho'. ¿Has llegado a la conclusión de que el cuerpo es la máquina más maravillosa de la tierra? Cuéntanos algunas cosas maravillosas que has descubierto sobre el cuerpo".

Matt: "El cuerpo en sí mismo es simplemente una maravillosa pieza de maquinaria. Por un lado, la forma en que se utiliza —o, más exactamente, se abusa de él— es algo que nunca se haría a una pieza de maquinaria en casa. Si le hiciéramos a los coches y a las neveras, para los que tenemos garantía, el mismo tipo de tratamiento que le damos a nuestros cuerpos, no creo que ningún fabricante dijera que está obligado a respetar la garantía que dio. Los sobreexplotamos, los sobreexigimos, los sobrealimentamos, hacemos todo lo que podemos, casi, para dañarlos muy a menudo.

Desde el punto de vista de la magnificencia de los mismos, de la precisión de las funciones que realizan, no sé si alguna vez has pensado simplemente en caminar por la calle. Cómo ponemos un pie delante del otro es algo absolutamente automático; la cantidad de cosas que tienen que funcionar para hacerlo. Alguien descubrió una vez, recuerdo cuando escuchaba conferencias en el hospital, que un movimiento del dedo meñique hacía que todos los músculos del cuerpo se reajustaran. Esta es la forma en que está hecho. Ciertamente, estás hecho de manera temible y maravillosa. No sé hasta qué punto quieres que entre en la mecánica de esto".

David: "Podríamos pasar algunas horas en ello. Hay quienes dicen que este cuerpo, por maravilloso que sea, es el resultado de la casualidad, es solo el resultado de átomos que se comportan en la mutación por pura casualidad. ¿Podrías creerlo?".

Matt: "No, nunca he encontrado que esta sea una teoría completamente cierta. Creo que hay algunas formas en que tienen lugar adaptaciones para adecuarse a su entorno y creo que esto en cierto modo ha producido a veces una teoría que está tan llena de agujeros como una red de pesca. Hay muchas cosas que no se pueden explicar de esa manera. Una de las cosas, por supuesto, es esta: cuando el animal es muy "sabio". Recuerdo que una vez tuvimos un perro y tomaba comida de la mesa. Si alguien le tiraba una cebolla en vinagre, ese perro no volvía a tomar nada de esa persona; siempre la dejaba caer al suelo primero y la olía. El humano es mucho menos sabio; cometemos los mismos errores una y otra vez".

David: "Ahora pasemos a otra característica del cuerpo. Tanto tu cuerpo como el mío se desgastan; nos duran tal vez setenta, ochenta, incluso noventa o cien años, pero existe este triste hecho de que este cuerpo no dura para siempre. Aunque es mejor que un coche y una nevera por la forma en que lo tratamos, no dura para siempre. Ha sido un misterio para mucha gente por qué el cuerpo no puede seguir reemplazándose a sí mismo y seguir viviendo. ¿Tienes alguna idea sobre el desgaste del cuerpo?".

Matt: "Sí, sé que es un misterio. La mecánica, hasta cierto punto, es un misterio para los científicos y los fisiólogos. Es que el cuerpo está hecho de manera que casi inmediatamente [después] de nacer comienza a morir. Las células mueren, pero hay una mecánica para el reemplazo. Hay una especie de estación de servicio que reemplaza constantemente cada parte del cuerpo. La piel que nos quitamos cada vez que tocamos algo; cada vez que el policía te toma las huellas dactilares, lo hace dejando parte de tu piel en el papel. Cada vez que esto sucede, es reemplazado. Esto pasa por todo el cuerpo. Pero, por una u otra razón, este mecanismo falla gradualmente. Yo mismo creo que esto se debe a que algo perturba el equilibrio perfecto que se pretendía en un principio.

Creo que, si se pudiera mantener el equilibrio, el cuerpo podría continuar para siempre. Pero ya sea por nuestra propia debilidad, nuestro propio abuso, perturbamos este equilibrio, o creo que, obviamente, por la herencia, a veces es perturbado, o de otras maneras por el entorno en el que vivimos. Algunas personas que viven con demasiado sol, algunas personas que viven con demasiado frío; estas cosas pueden perturbar el equilibrio. Pero es interesante que en la primera parte del Génesis los cuerpos de las personas vivieran durante mil años. En otras palabras, ¿estaban más cerca del tiempo de equilibrio completo? En Génesis 11, creo que hay unas seis o siete generaciones [en las que] la longevidad del cuerpo baja de unos 600 o 700 años a unos 120".

David: "Pero es solo en una familia, por cierto; no es en toda la raza humana. Esto confirma a un científico que dijo hace poco que no hay ninguna razón científica para que una persona muera. Todavía no pueden dilucidarlo".

David: "Ahora pasemos al tema de esta mañana, Matt, el nuevo cuerpo que vamos a tener. ¿Te parece un pensamiento emocionante? ¿Piensas mucho en ello? ¿Crees que serás fisioterapeuta en el cielo?".

Matt: "Hay un poco de tristeza, ¿sabes? Voy a tener que aprender un nuevo oficio y, por cierto, tú también".

David: "Eso es bueno. Vamos a ir un poco más allá con esto, Matt. Todos nosotros tenemos minusvalías de un tipo u otro. Tú tienes una con la vista, otros con el oído, y hay limitaciones que todos tenemos aquí. ¿Te encuentras deseando tener un cuerpo libre de esto?".

Matt: "El pasaje que leíste esta mañana de Pablo es uno de los grandes pasajes que supongo que la mayoría de nosotros hemos considerado con relación a esto. La idea de perfección, ausencia de dolor, ausencia de cansancio, pero, mucho más que eso, las habilidades que este cuerpo nos dará. No va a haber imperfecciones, no va a haber minusvalías, no va a haber limitaciones de movimiento hasta donde uno puede entender. Se nos dice que nuestro cuerpo será como el de Cristo. El suyo pudo atravesar la materia, pudo subir al cielo sin ningún problema; la movilidad va a ser estupenda. Pero, por supuesto, para aquellos de nosotros, creo, que hemos experimentado en la vida la pérdida de algo, yo diría que nunca se conoce el valor de nada hasta que se ha perdido. Damos demasiado por sentado.

Recuerdo que vi a un hombre este jueves cuando estaba en Londres para el Real Instituto Nacional de Ciegos. Nos conocimos en la universidad. Una de las primeras cosas que me dijo fue que había nacido ciego. Una de las cosas que me dijo fue, creo, una de las más maravillosas que he oído nunca. Dijo: '¿Te das cuenta de que la primera persona que veré será Jesucristo?'. Esto tal vez da un poco de color a la medida del pensamiento de esta maravillosa situación que va a tener".

David: "Sí, es un pensamiento maravilloso para dejar a todo el mundo, si es lo único que reciben.

Me gustaría cambiar a un asunto muy diferente ahora, Matt. No solo eres un fisioterapeuta, sino que estás en los Samaritanos por teléfono. No voy a hacer público eso porque te gusta hacer tu trabajo de forma anónima, pero se ponen en contacto contigo personas que sienten que la única salida a sus problemas es matar el cuerpo. ¿Qué lleva a una persona a tomar una decisión tan desesperada?".

Matt: "Es extraordinario. Anoche estuve con alguien y hablamos de este mismo asunto. Me dijo: 'Mira, si la vida más allá va a ser mucho mejor que la de aquí, ¿por qué la gente, todo el mundo', dijeron, 'tiende a aferrarse a la vida que tenemos con tanta fuerza. Tratan de mantener su vida. ¿Por qué no están preparados para dejarla ir?'. Yo dije: 'De hecho, paso un poco de mi tiempo tratando de persuadir a la gente de que se aferre a esta vida y no se la quite'.

Pero lo curioso es que la gente que siempre está tan ansiosa por quitarse la vida es la gente que ha puesto toda su fe en esta vida, en los disfrutes de las riquezas de esta vida. Esa es la gente que llega al punto de decir: 'La cosa no es lo que pensaba que iba a ser, no es lo que quería y por eso voy a salirme de ella'. Es curioso que las personas que basan toda su vida en lo que obtienen de esta vida, cuando descubren que no es lo que querían o lo que pensaban que iba a ser, son las personas que tienden a entrar en un estado de depresión tal que sienten que la vida ya no vale la pena y están dispuestas a deshacerse de ella. Por supuesto, diríamos que no huyen de nada".

David: "De hecho, la creencia en algo después podría ser lo mejor que podría ayudarlos a ver esta vida en perspectiva".

Matt: "Creo que esto es cierto; a menudo uno encuentra que las personas con una fe convencida con respecto a la otra vida parecen encontrar su razón y su propósito para vivir en esta".

David: "Lo cual es una buena nota para terminar. Muchas gracias, Matt".

....

Ahora quiero ir mucho más lejos y llevarlo a través de la Biblia. En el capítulo anterior, hablamos de lo que le sucede a una persona cuando muere y dijimos que la muerte es esencialmente la separación del cuerpo del espíritu. Surge la pregunta: ¿qué pasa con el cuerpo y el espíritu? Algunos dicen una sola palabra, "extinción"; tanto el cuerpo como el espíritu dejan de ser. De hecho, incluso podrían llegar a decir que no existe tal cosa como el espíritu. Es como el hombre que diseccionó un cuerpo humano hasta su último elemento y dijo: "No pude encontrar un alma en ninguna parte". Era tan tonto como un hombre que desmonta un órgano para encontrar la música.

Sin embargo, esta es una respuesta que dan algunas personas: extinción, el cuerpo y el espíritu terminados. Existe la respuesta que llamamos "inmortalidad". Dice que, mientras el cuerpo se acaba, el espíritu continúa, liberado del cuerpo. Un estudio de la muerte de Sócrates es sorprendente. Tomó la cicuta, el veneno. Fue condenado a muerte, pero se le dio la opción, como ciudadano libre, de suicidarse. Mientras bebía el veneno, reunió a sus discípulos a su alrededor, les habló con tranquilidad y felizmente de las alegrías del espíritu liberado de un cuerpo y murió en completa paz. He oído decir a alguien que Sócrates murió en un estado de ánimo mucho mejor que Jesús. Ahora bien, si Sócrates tenía razón en lo que dijo, entonces esto es cierto y Jesús no debería haberse retraído ante lo que le esperaba, como lo hizo, en Getsemaní. Pero lo que dijo Sócrates no es cierto. El alma separada del cuerpo no es por ello más libre.

La tercera respuesta que se da es la que llamamos reencarnación, que significa que el espíritu volverá en el cuerpo de otra persona o en otro cuerpo en la tierra. Los budistas creen en esto y otros han aceptado la idea de la reencarnación. Incluso algunos ministros de la iglesia en este país han jugado con ella. Pero la respuesta que da el cristiano es la resurrección, que un día el cuerpo y el espíritu se reunirán y eso significará la libertad perfecta. Eso es lo que esperamos. Cada vez que declaramos nuestra fe, decimos: "Creo en la resurrección del cuerpo", el cuerpo y el espíritu reuniéndose un día.

En el último capítulo, hemos hablado del intervalo entre la muerte y la resurrección. Hablemos de la resurrección propiamente dicha. La idea es ridícula para mucha gente; lo era en los días de nuestro Señor. Había un grupo de personas llamados saduceos que simplemente no podían aceptar esta idea. No podían creer que el cuerpo resucitara y se reuniera con el espíritu y trataron de hacer tropezar a Jesús con este tipo de preguntas: "Si una mujer tuvo siete maridos en este mundo, cada uno de los cuales murió uno tras otro, ¿qué va a pasar en el siguiente? Va a haber una disputa familiar tremenda, ¿no es así?". Jesús tuvo que decirles de manera muy sencilla: "Los hijos de la resurrección no son así". Utilizó la palabra "resurrección" en su respuesta.

A los griegos no les gustaba nada esta idea. He estado en el Areópago, o la Colina de Marte, donde Pablo habló a los filósofos griegos, que escucharon hasta cierto punto. Escucharon sus ideas sobre Dios, sobre el juicio, sobre la vida humana, sobre la conciencia. Escucharon todo eso y lo aceptaron. Entonces utilizó una palabra que los hizo reír. Utilizó la palabra "resurrección". Ellos creían en la inmortalidad del alma, y la idea de que un cuerpo volviera a la vida era tan ridícula que empezaron a burlarse y a reírse. Los griegos no pudieron soportarlo más que los saduceos.

Hoy en día hay científicos y filósofos que creen que la idea de la resurrección debe ser descartada si el cristianismo va a seguir siendo una opción viable para las mentes del siglo XXI. Por un lado, dicen: "Es demasiado materialista, hace del cielo un lugar", pero fue lo que hizo Jesús. "Hace que la otra vida se parezca demasiado a esta". Pero si Dios la hace así ¿quiénes somos nosotros para discutir? La razón principal por la que no pueden aceptarlo es que lo hace demasiado milagroso. La gente dice: "¿Cómo podría Dios reunir las células de una persona enterrada, y mucho menos de una persona incinerada?". Por supuesto, están limitando el poder omnipotente de Dios cuando hacen esa pregunta.

Hay un hecho en el que basamos nuestra creencia de que un día tendremos un nuevo cuerpo. Es algo que, examinado históricamente, incluso científicamente, según las leyes del examen del pasado, se sostiene como un hecho establecido, a saber, que Jesús resucitó de entre los muertos.

La evidencia de la resurrección es mejor que la de la mayoría, si no de todos, los eventos de la historia de ese período. Cualquiera que la examine con una mente abierta debería llegar a la conclusión correcta. Porque el cristiano está convencido de que Cristo resucitó de entre los muertos con un cuerpo y pudo decir: "No soy un fantasma, no soy un espíritu. Un espíritu no tiene carne ni huesos; denme un poco de pescado para comer", preparándoles el desayuno a la orilla del mar. Por eso nos atrevemos a creer en la resurrección del cuerpo. Fue sepultado. Su espíritu y su cuerpo estuvieron separados durante tres días y tres noches. Pero lo que ocurrió el primer domingo de Pascua demuestra que ambos pueden ser reunidos de nuevo por Dios Todopoderoso. El día antes de morir, dijo: "Porque yo vivo, ustedes también vivirán". Este no es un hecho aislado. Es el primero de muchos.

Un día, Pablo estaba siendo juzgado por su vida ante un hombre llamado Félix, y le dijo a este hombre: "Lo único que me ha llevado a este banquillo es mi esperanza en la resurrección de justos e injustos". De hecho, tenía toda la razón porque los saduceos lo habían puesto allí. Esta era la única cosa, porque Pablo sabía perfectamente, y lo escribió para nosotros, que este es el eje de nuestra fe. Si Cristo no resucitó, bien podríamos cerrar nuestras iglesias. Ciertamente no podríamos hablar de estas cosas de forma tan alegre como lo hacemos si Jesús siguiera muerto, si fuera el hombre más grande que jamás haya existido y, como cualquier otro gran hombre, hubiera muerto también.

Quiero hablar de dos cosas en este capítulo: la resurrección de los justos y la resurrección de los injustos. Una vez más, no podemos escapar al hecho de que todo lo que la Biblia dice sobre la vida [que tenemos] después de la muerte siempre la divide en dos. No importa dónde se mire en las escrituras, existe esta profunda distinción en todo lo que dice sobre el futuro que, en última instancia, conduce a la mayor distinción de todas, el cielo y el infierno. Este abismo desde el principio. Desde el principio hay dos y solo dos grupos pensados en la Biblia, y siempre que se menciona la resurrección del cuerpo se mencionan dos grupos: los justos y los injustos.

Veamos ahora estos dos grupos y preguntemos qué dice la Biblia de ellos. En primer lugar, la resurrección de los justos. ¿Quiénes son los justos? La respuesta es: los aceptados por Dios como dignos del cielo, de vivir con él para siempre, los que están en los libros buenos de Dios. Esto es muy sencillo. La Biblia utiliza una palabra algo grandilocuente en este punto: "justificado" o "justificación". Creo que la versión de la Biblia en inglés pidgin traduce esto de forma excelente. ¿Sabía que existe una versión en inglés pidgin? Se ha traducido para muchas zonas del mundo donde se habla inglés pidgin. En lugar de la palabra "justified" (justificado), que es una palabra latinizada y que ni siquiera un inglés entiende, dice: "God, 'e say I'm all right" (Dios, él dice que estoy bien). Eso es tremendo. Eso es lo que significa justificado. Los justos son aquellos de los que Dios dice: "Él está bien. Ella está bien".

Ahora bien, ¿cómo podríamos entrar en esa categoría? ¿Cómo podríamos entrar en ese libro? ¿Cómo podríamos ser justos ante Dios? Hay dos maneras. La primera forma es ser perfecto. Esa es una forma. Si vivimos una vida perfecta y hacemos todo lo que es bueno desde siempre hasta siempre, si hacemos todo lo que debemos y nada que no debemos, si vivimos una vida perfecta, somos justos a los ojos de Dios. Sin embargo, si esa fuera la única manera de ser justos a los ojos de Dios, permitiría a una persona entrar en el cielo y a una sola, Jesús, el único hombre del que Dios podría decir jamás: "Eres justo". Pero lo asombroso es que la Biblia pone a millones de otras personas en la misma categoría, no porque sean perfectas, sino porque han sido perdonadas, absueltas, porque han pedido voluntariamente que su caso sea tomado en esta vida y no en la otra, porque han pedido que Dios traiga el juicio al presente y por causa de Jesucristo les perdone sus pecados. Según mi Biblia, en el momento en que una persona hace eso su caso es tomado no en el último día sino ahora mismo. Dios toma el caso y dice: "Justificado a mis ojos. Está bien". Eso es lo que es el perdón, y cualquier persona que lo pide es justo a los ojos de Dios.

Por lo tanto, esta categoría de justos incluye no solo a Jesús, que es perfecto, sino a todos los demás que por su causa fueron perdonados. Por lo tanto, es una compañía muy grande y un día habrá una resurrección de los justos. Surgen dos preguntas: ¿Cuándo? y ¿Cómo? ¿Cuándo ocurrirá esto? Nuevamente, la Biblia es clara como el agua; no hay necesidad de ninguna duda sobre este punto, aunque hay algunos puntos incluso con respecto a este tema que son dudosos. Pero hay un punto cristalino aquí que se refiere a cuando Jesús viene de nuevo. Usted lo sabía, ¿no es así? Sabía que el próximo gran evento en la historia del mundo es el regreso de Jesús a la tierra. No el día en que la gente se pare en Marte, no la Tercera Guerra Mundial. El próximo gran día en la historia del mundo será el día en que Jesús regrese.

Todo cristiano lo anhela, y por eso este acontecimiento está tan vinculado en las escrituras con la resurrección de los justos. He aquí una declaración típica: "Anhelamos recibir al Salvador, el Señor Jesucristo. Él transformará nuestro cuerpo miserable para que sea como su cuerpo glorioso". En otras palabras, estamos esperando que venga, porque cuando venga esto sucederá: los justos resucitarán. Hay muchas escrituras que uno podría señalar aquí. Otra es 1 Corintios 15, que leímos. Pero no leí la parte que dice: "Cristo fue resucitado como el primero de la cosecha, luego todos los que pertenecen a Cristo serán resucitados cuando él regrese". Así que, una vez más los dos eventos están vinculados. Encontramos que 1 Tesalonicenses 4:16-17 dice lo mismo: "El Señor mismo descenderá del cielo con voz de mando, con voz de arcángel y con trompeta de Dios, y los muertos en Cristo resucitarán primero. Luego los que estemos vivos, los que hayamos quedado, seremos arrebatados junto con ellos en las nubes para encontrarnos con el Señor en el aire. Y así estaremos con el Señor para siempre".

Aquí hay muchos pasajes, pero nos queda la duda de *cuándo* volverá Jesús. En su regreso, será el mismo Jesús que se fue. Su regreso será de la misma manera que ascendió a las nubes. Él vendrá en las nubes, y los ángeles en el día de la ascensión dijeron que sucedería de la misma manera en el orden inverso. Así como fue, vendrá. Sin embargo, su segunda visita a la tierra será completamente diferente a la primera. Cuando vino la primera vez, vino como un humilde bebé, de modo que muy pocos se dieron cuenta de que era un rey. Cuando vino la primera vez había un pequeño punto de luz en el cielo, una estrella como símbolo de su venida. Cuando venga de nuevo, todo el mundo sabrá quién ha venido y el símbolo descrito en las escrituras no es un punto de luz.

Pero Jesús dijo: "Cuando vuelva, será como un rayo de este a oeste". Será muy diferente. El mismo Jesús y, sin embargo, diferente. La misma manera y, sin embargo, una manera diferente. Lo mismo y, sin embargo, diferente. Quiero transmitirle que, al referirse a la Segunda Venida de nuestro Señor, tiene que usar los términos "Lo mismo y sin embargo diferente", porque ahora, cuando hago la pregunta ¿cómo resucitaremos? la respuesta debe ser lo mismo: lo mismo y sin embargo diferente, un cuerpo relacionado con este y sin embargo un cuerpo diferente de este.

Ahora, vayamos a lo práctico. ¿Qué clase de cuerpo? Estará relacionado con éste, y hay muchas maneras en las que podemos decir de inmediato que, basándonos en nuestras experiencias, ya sabemos lo que es que un cuerpo se transforme en otro. Matt ha mencionado, y creo que es científicamente cierto, que el cuerpo cambia muchas de sus células cada siete años, o sea que a lo largo de siete años todo el cuerpo ha tenido una remodelación. Si algunas partes de nosotros permanecen o no, no lo sé, pero las células son reemplazadas aproximadamente cada siete años en una vida sana normal. Así que aquí, ya en la tierra, no tengo el cuerpo con el que nací. Lo he ido cambiando de un extremo a otro. Por lo tanto, la idea de que el cuerpo se cambie en otro no es completamente desconocida para nosotros. Los cuerpos jóvenes se transforman en cuerpos viejos.

Además, si ha visto algo de biología debe conocer el misterio de la oruga y la mariposa. Tres cambios de cuerpo a través de la crisálida en el medio; cada cuerpo tiene una apariencia bastante diferente del otro, sin embargo, uno es llevado al segundo y el segundo al tercero, y no nos parece extraordinario. No obstante, ha sido un cambio de cuerpo. Así que ya sabemos estas cosas por nuestra vida ordinaria.

Sobre todo, en nuestros jardines. Pablo dice que tenemos la respuesta. Tomemos una semilla, una papa, plantémosla en la tierra. Se pudrirá, volverá al polvo, y si la desenterramos dentro de unos meses puede que solo quede una pequeña cáscara. Pero lo asombroso es que un día dentro de unos meses desenterraremos esa tierra y encontraremos otro cuerpo, y otro, y otro, muy parecido al original que plantamos en la tierra, pero no es ese original. Un cuerpo que ha salido de él, y sin embargo el otro ha muerto y ha vuelto al polvo.

Así que, en su propio jardín trasero tiene al menos un evento similar de algo que ha sido enterrado en la tierra, ha vuelto al polvo, y sin embargo de él viene un nuevo cuerpo, por lo que realmente no deberíamos tener excusa para decir que esto está fuera de nuestra imaginación. En un servicio fúnebre, cuando enterramos los restos mortales de alguien que hemos amado, a menudo pienso que solo estamos plantando algo en el jardín. Esperamos que salga un cuerpo parecido, pero no el mismo; algo relacionado con él más allá de nuestra comprensión y, sin embargo, nuevo.

¿En qué sentido será diferente? En algún aspecto cambiará. En un maravilloso pasaje de 1 Corintios 15, Pablo nos da cuatro formas en las que el nuevo cuerpo será diferente del que estoy usando en este momento. Aquí están. En primer lugar, este cuerpo que uso ahora es un cuerpo de corrupción. El nuevo será un cuerpo de incorrupción. Dejemos que estas palabras penetren. Son, de nuevo palabras latinizadas, un poco largas, un poco polisilábicas. Sin embargo, veamos cuál es su significado. Matt extrajo una frase de mi sermón, y es que en el momento en que nacemos empezamos a morir. Esto es un hecho. Estoy hablando como un moribundo a gente moribunda. No me refiero a que todos hayamos ido al médico y hayamos recibido malas noticias. Me refiero al simple hecho de que, cuando nací, empecé a morir; mis células empezaron a morir de inmediato. Cada vez somos más conscientes de ello; nuestros dientes, nuestro pelo, nuestros huesos. El pelo se vuelve más fino, los dientes empiezan a deteriorarse, los huesos se vuelven más frágiles. Sabemos perfectamente que estamos en un cuerpo que se está deteriorando y es una tontería negarlo a uno mismo o a cualquier otra persona. El hombre de Shakespeare "sin dientes, sin ojos, sin gusto, sin nada" es el hombre que vemos en el espejo.

Anhelamos un cuerpo que no envejezca, que no se debilite, que no se deteriore; un cuerpo que no tenga que estar en esta batalla constante para superar el deterioro que se instala. Un dentista se pasa la vida librando esa batalla. Como no nos gusta librar la batalla ni con la caries ni con el dentista, la mantenemos alejada de nuestra mente todo lo que podemos, pero él la libra. Lo mismo ocurre con el fisioterapeuta y el cirujano. Lo combatimos. En el cielo no habrá tal cosa. Todos tendremos nuevas profesiones. Todos tendremos que desarrollar nuevos dones. Todos tendremos que encontrar una nueva servicio. Pero si el próximo mundo es tan interesante como éste —y la Biblia indica que es más interesante—, habrá cosas aún más maravillosas que hacer allí que aquí. Es un nuevo cielo y una nueva tierra, por cierto, y la tierra será un lugar maravilloso al igual que el cielo; todo el universo nuevo. Habrá mucho que hacer, pero no para la profesión médica.

En segundo lugar, este es un cuerpo de deshonra, pero será un cuerpo de gloria. Recuerdo haber visitado en el hospital a un querido santo que se había convertido casi en un niño y había que hacer todo por él. Se dirigió a mí y me dijo: "Sabes, ahora entiendo la frase 'nuestro cuerpo miserable'". Me dijo: "Hiere mi orgullo tener que dejar que otros hagan cosas por mí". Este cuerpo de deshonra, un cuerpo que lleva en sí mismo las marcas de nuestro pecado de una u otra manera. Cada persona mayor de cuarenta años es responsable de su rostro. Este cuerpo nuestro que muestra las marcas de lo que hemos pasado es un cuerpo de deshonra, pero el cuerpo de gloria será un cuerpo como el cuerpo de Jesús. Será un cuerpo como su cuerpo en el Monte de la Transfiguración, que era tan glorioso que apenas podían soportar mirarlo. Vamos a ser como él, un cuerpo de gloria.

Ahora, el tercer contraste, dice Pablo, es que este es un cuerpo de debilidad que será un cuerpo de poder. Somos muy conscientes de nuestra debilidad, hasta que llegamos a la plenitud de la vida y entonces pensamos que podemos hacer cualquier cosa y no necesitamos ninguna ayuda. Entonces eso se acaba pronto y empezamos a necesitar ayuda de nuevo. Somos débiles. Incluso en la flor de la vida somos débiles y no podemos hacer las cosas que queremos hacer. Incluso los jóvenes desfallecerán y se cansará, y mucho más los mayores y los pequeños. Hay limitaciones físicas en ambos extremos de la vida, pero entonces habrá un cuerpo de poder. Tengo la impresión, por los relatos de la resurrección, de que Jesús tenía el poder de hacer todo lo que quisiera, incluido, como se ha mencionado, el poder de viajar por el espacio. Ningún hombre ha estado en el espacio, excepto Jesús. Todos los demás hombres han tenido que vivir "en la tierra" cuando subieron. Pero Jesús tenía el poder sobre su cuerpo para estar libre de viajar; las puertas cerradas no significaban nada para él. Un cuerpo de poder; nosotros tendremos este cuerpo móvil de poder en su plenitud.

El cuarto contraste es entre un cuerpo físico, natural, y un cuerpo espiritual. Eso no significa que se trate de un alma vaga que flota en un camisón que no puede ser tomado. Significa que este cuerpo me vino de la carne; me vino de la tierra; vuelve al lugar de donde vino; es un cuerpo que me ata a esta existencia. El cuerpo que tendré allí será un cuerpo de arriba, no de abajo. Los evolucionistas que creen que la única fuente posible de un cuerpo es el largo proceso de la evolución se van a quedar mudos en ese día cuando se nos dé un cuerpo desde arriba.

Es la diferencia entre venir de abajo y venir de arriba. Todo rascacielos que el hombre construye tiene que ser construido desde abajo. Nosotros buscamos una ciudad cuyo constructor y hacedor es Dios, la Nueva Jerusalén que descenderá. Es la diferencia entre la forma de pensar de un cristiano y un incrédulo. El incrédulo piensa que todo tiene que subir de la tierra. El creyente dice: "No, las cosas que realmente valen la pena bajan del cielo, incluido nuestro nuevo cuerpo". Entonces, el primero es un cuerpo que vino de abajo y regresa, el segundo es un cuerpo dado desde arriba que me sirve para los dominios de arriba. Un cuerpo espiritual significa un cuerpo que es libre de moverse donde el espíritu quiera moverse. Eso es lo que se quiere decir, y así como he llevado la imagen de Adán, llevaré la imagen de Cristo.

Una pequeña nota aquí para aquellos lectores que todavía estén vivos cuando el Señor Jesús regrese. Si esto lo incluye a usted, tendrá la gran emoción de no morir nunca. Eso me parece emocionante. Pablo esperaba estar vivo para verlo, pero se decepcionó. Cada generación de cristianos espera esto; no todos moriremos. Algunos lo harán, pero otros todavía estarán vivos cuando llegue el día de la resurrección. ¿Qué pasa con los que todavía están vivos? Pues que necesitarán cuerpos nuevos. Los viejos no podrán heredar el reino. "Fíjense bien en el misterio que les voy a revelar: No todos moriremos, pero todos seremos transformados, en un instante, en un abrir y cerrar de ojos, al toque final de la trompeta. Pues sonará la trompeta y los muertos resucitarán con un cuerpo incorruptible, y nosotros".

Tal vez lo haya oído cantado en el Mesías de Haendel tantas veces. ¿Lo creyó? Va a ser el día más ruidoso de la historia. Los arcángeles estarán gritando, las trompetas estarán sonando, con un fuerte grito Jesús descenderá, y será lo suficientemente fuerte como para que los muertos lo oigan. Decimos que será tan fuerte que podrá despertar a los muertos. Nosotros no podemos. Pero Jesús puede hacerlo, y lo hará.

Entonces, tenemos este tremendo pensamiento de dos grupos de personas. Tengo la sensación de que en un versículo que se lee en la mayoría de los servicios funerarios se mencionan estos dos grupos. Jesús dijo: "Yo soy la resurrección y la vida. El que cree en mí, aunque muera" —ahí está el grupo número uno— "vivirá, pero el que vive y cree en mí no morirá jamás". Me parece que está el otro grupo, "Los vivos y los muertos", como se refiere a ellos el Libro de Oración. Aquí tenemos los dos grupos. Los que mueren creyendo en Jesús vivirán, los que aún viven, creyendo en él, no morirán nunca, sino que todos seremos arrebatados juntos. Qué pensamiento maravilloso. ¡Qué reunión! Será la mayor reunión cristiana a la que haya asistido.

Pero debo pasar ahora al otro lado más solemne del cuadro, la resurrección de los injustos. Está bastante claro en las escrituras que todos resucitarán de entre los muertos. Los injustos son aquellos que no son aceptados por Dios, lo que, en lenguaje sencillo, son perfectos y no son perdonados. Diré más sobre esto en el próximo capítulo. Pero veamos ahora dos cuestiones: cuándo resucitarán los injustos y cómo resucitarán. En primer lugar, ¿cuándo? Muchos han supuesto que es al mismo tiempo que los justos.

Después de un estudio muy cuidadoso de las escrituras, solo puedo decir con toda franqueza, aunque respetaría otros puntos de vista, que mi examen me lleva a creer que no será al mismo tiempo. En primer lugar, está toda la enseñanza de nuestro Señor acerca de que uno es tomado y el otro es dejado, que tiene que ser considerado y tomada en cuenta. Ese pensamiento ha llevado a muchos maridos a Cristo cuando se dan cuenta de que su mujer será tomada y ellos puede quedar. Pero hay muchas otras cosas. Está esta frase inusual cada vez que se menciona la resurrección de los justos: "resurrección de entre los muertos", que se usa del cristiano como algo que lo hará diferente de los demás.

Además, está la afirmación de 1 Corintios 15 de que la resurrección tiene lugar en tres pasos: Cristo, el primero, luego, en su venida, los que son suyos, y luego la etapa número tres, el final. De la lectura de las escrituras se desprende claramente que los injustos resucitan al final. Además, está el hecho de que cuando los justos resucitan no hay ningún pasaje que mencione a los injustos resucitando al mismo tiempo. Cuando llegamos al libro final de la Biblia está la declaración más clara de todas, que habla inequívocamente de la primera y la segunda resurrección y dice: "Felices los que participan en la primera resurrección". Por lo tanto, considero que, si bien la resurrección es un hecho para todos, los injustos estarán muy por detrás de los justos en esto. No voy a entrar en más detalles ahora.

La otra pregunta es: ¿cómo? Si los justos reciben un cuerpo que refleja la gloria de su vida real en Cristo, solo puedo suponer que los injustos recibirán un cuerpo que refleje el estado real de su carácter pecador y egoísta. Me parece un pensamiento muy aterrador. Ya en esta vida, cuanto más viejos somos, más se muestra nuestro verdadero carácter en nuestro cuerpo. Si consideramos que en el santo comienza a mostrarse la belleza de Cristo, en el pecador comienza a mostrarse el horror de Satanás. Si la resurrección del justo lleva la belleza del santo a su perfección me parecería que la resurrección del injusto podría llevar la fealdad del pecado a su conclusión lógica. Creo que a esto se refiere la Biblia cuando dice: "Los injustos resucitan para quedar en la vergüenza y en la confusión perpetuas".

Mi conclusión es la siguiente. ¿Por qué resucitamos de entre los muertos? La respuesta es muy sencilla: para hacer posible el juicio tanto de la recompensa como del castigo. Es lo que veremos en el próximo capítulo. Dejemos que sea el propio Jesús quien tenga la última palabra sobre el tema. Aquí están sus propias palabras del Evangelio de Juan: "Viene la hora en que todos los que están en los sepulcros oirán su voz, y saldrán de allí. Los que han hecho el bien resucitarán para tener vida, pero los que han practicado el mal resucitarán para ser juzgados". Estas son las palabras de Jesús, y a partir de ahí retomaremos la historia en el próximo capítulo.

4

EL JUICIO

De vez en cuando, todo pastor realiza servicios funerarios. Es parte de nuestro llamado ministrar en momentos de necesidad como este, y eso nos pone en contacto con un grupo de personas conocidas como directores de funerarias. Es una gran alegría para un pastor encontrarse de vez en cuando con un director de funeraria cristiano que entiende lo que el pastor está tratando de hacer, cuál es la verdadera necesidad de la situación, pero sobre todo que está en condiciones de ayudar a la gente en este momento de profunda necesidad. A menudo, es el primero en estar en el hogar y ser capaz de llevar alguna palabra de consuelo. Estoy muy agradecido al Sr. Wakefield por haber venido esta mañana. Le voy a hacer una o dos preguntas y él compartirá con ustedes algunas de las perspectivas que ha adquirido, porque de todos los llamados, el suyo es uno que enfrenta y tiene que enfrentar el hecho de la muerte y llegar a un acuerdo con ella y tratar de ayudar a la gente a enfrentarla.

David: "Sr. Wakefield, no sé exactamente cuánto tiempo ha sido cristiano. ¿Podría decirnos desde cuándo lo es y cómo se convirtió en cristiano primero?".

Sr. Wakefield: "Tuve que buscarlo en mi Biblia y lo encontré. Me hice cristiano en 1952. Creo que en este punto debo decir que me convertí en cristiano porque alguien preocupado pensó que debía convertirme en cristiano, y había gente orando. Entonces mi hijo, que ahora tiene unos veintitrés años, tenía unos cuatro. Decidimos que lo enviaríamos a la escuela dominical, sin ninguna razón, excepto que queríamos sacárnoslo de encima. Pero decidimos enviarlo a la escuela dominical y a la niña también, que es más pequeña, y por supuesto hicimos el contacto. El pastor de entonces, que era pastor honorario, llamó a los padres y, como era el padre, me llamaron a mí. Este querido hombre decidió que esa casa debía ser ganada para el Señor, y lo logró con solo leerme la Palabra de Dios. Yo no había entrado en la iglesia siquiera. Creo que en ese momento no sabía cómo era por dentro, excepto una pequeña capilla. Pero lo logró leyéndome la Palabra de Dios y con persistencia, y llamándome una vez cada quince días, o algo así, durante un período de tiempo. Ahora creo —pero por supuesto no lo sabía en ese momento— que las oraciones de la gente me llevaron al Señor".

David: "Es maravilloso saberlo. Ahora bien, usted ha sido director de una funeraria por más tiempo que eso. Antes se decía sepulturero, pero eso ha desaparecido con la palabra trabajo y otras cosas. Tengo entendido que los americanos se llaman ahora consultores senatoriales. Es una vocación maravillosa en el sentido de que realmente ayuda a la gente. No es una vocación que muchos elegirían tener. ¿Cómo se convirtió en director de una funeraria?".

Sr. Wakefield: "Originalmente mi padre decidió que debía ser aprendiz de un oficio. Yo no llamaría a mi profesión un oficio, pero en cualquier caso, había sido aprendiz de ebanista. Por supuesto, involucraba hacer ataúdes. Así que creo que soy uno de los únicos directores de funerarias que empezó desde abajo y fue subiendo".

David: "Desde un punto de vista, podría ser una vida solitaria. Dije en un sermón anterior de esta serie que la gente huye de la muerte, y presumiblemente, por tanto, de cualquier cosa y persona asociada a ella. ¿Fue así para usted?".

Sr. Wakefield: "Como he dicho a la gente hace un momento, me juega en contra. No hay mucha gente que quiera conocerme".

David: "Usted tiene la oportunidad de ayudar a la gente. Se encuentra con ellos en el punto en el que tienen una necesidad muy profunda. Responda a esto con sinceridad. ¿Nota alguna diferencia cuando entras en un hogar cristiano después de un duelo?".

Sr. Wakefield: "Siendo cristiano, estoy realmente seguro de que hay alguien que está con ellos, gente que es cristiana, y también una de las cosas que más se destaca es en el momento del funeral cuando encuentro que la gente que tiene una profunda fe en nuestro Señor se aferra a esa fe y se aferra a él. Aunque, por supuesto, lamentan su pérdida, encuentro que no están tan afligidos y desesperados exteriormente como las personas que no tienen fe".

David: "¿Cómo se consuela la gente que no tiene fe en una situación así?".

Sr. Wakefield: "Creo que buscan alrededor todo lo que pueden encontrar. Todos los caminos del mundo, como la bebida, pero creo que siguen sintiendo que no tienen ninguna satisfacción durante mucho tiempo después".

David: "Según una reciente encuesta de Gallup, el noventa y ocho por ciento de los habitantes de este país querrían ser enterrados por un clérigo. Está muy lejos del noventa y ocho por ciento que querría conocerlo antes, a juzgar por las congregaciones. A los que somos pastores nos parece extraño que la gente, el noventa por ciento quizás, prefiera no estar en nuestras manos durante su vida, pero quiere que los enterremos. ¿Tiene algún comentario que hacer al respecto?".

Sr. Wakefield: "Con el debido respeto, soy el primero en presentarme ante las personas que han perdido a alguien, y creo que, como cristiano, siento que lo primero que hay que hacer es indicarles a alguien que pueda darles la Palabra de Dios. Sé que como cristiano debería, siendo evangélico, hablarle a la gente de nuestro Señor y lo hago si tengo la oportunidad, pero siento que los ministros de Dios están ahí, disponibles, y tan pronto como puedo me pongo en contacto. Si es una persona de la fe de la Iglesia de Inglaterra, me pongo en contacto con el ministro de la parroquia y le doy los detalles de cuándo estará la gente disponible, y me atrevo a decirle a la gente que el ministro los llamará. Por supuesto, si la gente es de fe bautista, naturalmente está en contacto con su propio pastor normalmente. La mayoría de las personas con las que trato no están en contacto con ninguna organización eclesiástica ni con ningún ministro".

David: "Creo que usted mismo hace un pequeño seguimiento después".

Sr. Wakefield: "Sí, lo hago. Envío una tarjeta después, una tarjeta conmemorativa con la Palabra de Dios en ella, porque le digo a la gente que vine al Señor a través de la Palabra de Dios y creo en la Palabra de Dios. Creo que, si le paso la Palabra de Dios a alguien más, podría llegar de la misma manera que yo".

David: "Ahora, como director de una funeraria, ha tenido que enfrentarte a la muerte muy directamente, tanto antes de hacerse cristiano como después. ¿Cuál fue su primera reacción ante esto? ¿Fue retraerse o endurecerse?".

Sr. Wakefield: "No creo que me haya endurecido. Ciertamente trato a la muerte con respeto.

Sé que la Palabra de Dios dice que es el último enemigo, y creo que es un enemigo, y la trato con respeto. En el Antiguo Testamento, solían sacrificar un becerro y rociar las cenizas quemadas sobre el agua, y quedaban limpios después de haber estado en contacto con la muerte. Pero ahora siento que, al estar cerca de nuestro Señor Jesucristo, él me limpia y me mantiene limpio de cualquier efecto adverso de ella".

David: "¿Le resulta fácil creer en una vida después de la muerte?".

Sr. Wakefield: "Cuando me hice cristiano, me enseñaron a creer en esta palabra. Me parece que siempre me lo recuerdan porque casi todos los servicios a los que voy leen 1 Corintios 15. Si alguien quiere saber de qué estoy hablando, que lo lea. El Señor dice que hay un después de la muerte; así lo dice Pablo".

David: "Por último, ¿qué le diría a los que no están dispuestos a enfrentarse a la muerte, a pensar en el futuro? ¿Tiene alguna palabra que le gustaría transmitir?".

Sr. Wakefield: "Siempre está en mi mente que la gente, ya sea joven o vieja, nunca sabe cuándo pueden ser llevados de esta tierra. Creo que la gente no se preocupa lo suficiente por la vida eterna y debería hacerlo. Los que no se preocupan, deberían hacerlo; deberían estar cerca de nuestro Señor Jesucristo y conocerlo como su Salvador y amigo personal. Siento que eso no es solo como una póliza de seguro, sino que, si tienen fe en Cristo y lo conocen, también tienen a alguien en quien apoyar su fe y confiar y colocarla con sus pies en una roca, para los males y problemas de esta vida presente, además de la vida eterna en el más allá".

David: "Muchas gracias, señor Wakefield. Es evidente que en su trabajo tiene que ser serio la mayor parte del tiempo y eso suele dar a los directores de funerarias fama de sombríos.
Ha sido una gran alegría conocerlo y ver algo de la alegría cristiana en usted".

Sr. Wakefield: "Me gustaría leer antes de terminar lo que hay en la tarjeta que envío".

David: "Sí, hágalo. Estarán muy interesados".

Sr. Wakefield: "No puedo leerla hasta que me ponga los anteojos".

David: "Es una tarjeta que envía ¿cuánto tiempo después?".

Sr. Wakefield: "Tan pronto como pueda".

David: "Sí, léalo para nosotros".

Sr. Wakefield: "Es de Romanos 8:38-39: 'Pues estoy convencido de que ni la muerte ni la vida, ni los ángeles ni los demonios, ni lo presente ni lo por venir, ni los poderes, ni lo alto ni lo profundo, ni cosa alguna en toda la creación podrá apartarnos del amor que Dios nos ha manifestado en Cristo Jesús nuestro Señor'. Eso es lo que dice la tarjeta".

David: "Muchas gracias por venir. Ha sido un placer tenerlo".

....

En la carta a los Hebreos 9:27 leemos: "está establecido que los seres humanos mueran una sola vez, y después venga el juicio". Hay dos citas que tienen todos los hombres y mujeres del mundo, ninguna de las cuales puede anotarse en una agenda porque no se conoce la fecha. La primera cita es el día de nuestra muerte, y aunque sería maravilloso poder anotarlo en la agenda y prepararnos para ello, muchos de nosotros no podemos hacerlo. Tal vez sea una providencia misericordiosa la que nos permite vivir en la incertidumbre de eso. La otra cita que tenemos es igualmente incierta en cuanto a la fecha, pero seguramente ocurrirá, y después de eso viene el juicio.

Todo el mundo sabe que la primera cita está por llegar, pero si nos quedamos con eso solo y consideramos solo eso, nuestra reacción será darse la gran vida: "Comamos, bebamos y alegrémonos, porque mañana moriremos". Si esa es la única cita que tenemos en el futuro, aprovechemos el aquí y el ahora. Vivamos la vida en grande mientras podamos. Esto es lo que hace mucha gente. Como he mencionado antes, una encuesta de Gallup entre estudiantes de sexto curso en Surrey reveló que más de la mitad de ellos no creían que fueran a vivir hasta la mediana edad o la vejez; que el mundo habría volado en pedazos antes de eso. Por lo tanto, se propusieron darse la gran vida. Si quiere saber la razón de algunos de los comportamientos alocados de la juventud, es ésta.

Pero una vez que considere la segunda cita, que sigue a la primera, lejos de vivir la vida a lo grande, lo hará pensar. El tema de este capítulo es el juicio. Ahora bien, este no es un tema muy agradable; no es un tema muy reconfortante; no es un tema muy útil desde un punto de vista. La gran tentación cuando hablamos de la vida después de la muerte es precipitarnos a la parte agradable. Sería mucho más agradable para mí darles seis capítulos sobre el cielo, lo que podría haber hecho y lo habría hecho con gusto, pero no habría sido toda la verdad. El cielo parecerá más dulce cuando hablemos de él en el último capítulo, por haber afrontado las realidades que vienen antes.

A modo de introducción, permítame decir dos cosas. En primer lugar, la necesidad del juicio está inscrita en la vida. Es absolutamente necesario que haya algún ordenamiento, alguna compensación, algún ajuste de cuentas en el futuro. ¿Por qué es necesario? Por dos razones. En primer lugar, por la injusticia de la vida. Es un hecho que en este mundo muchos malvados prosperan y muchos buenos sufren. La vida en sí misma exige algún tipo de ordenamiento, algún tipo de nivelación, algún tipo de poner las cosas en orden y arreglarlas. Esta vida tomada por sí misma no es justa. No es equitativa. No es equilibrada. Cuando estudiamos los hechos del sufrimiento de los niños en este mundo, es suficiente para decirnos que la injusticia de la vida exige un juicio. No es justo que Napoleón y el padre Damián, el rey Herodes y Juan el Bautista, Jezabel y María, y Hitler y Albert Schweitzer tengan, en última instancia, el mismo final. Nuestro instinto exige que en algún lugar más allá de la muerte se corrijan todos los males.

Hay otra razón por la que el juicio es necesario: la justicia de Dios. No solo la injusticia de la vida, sino la justicia de Dios. Si Dios es bueno, entonces debe corregir las cosas. Si nos atrevemos a decir que Dios es justo, entonces, como la vida es injusta, debe haber más allá de la muerte una expresión de la justicia de Dios. Si él es bueno y si no hubiera un juicio en el futuro, no podría creer en un Dios bueno. Con relación a la gente que me dice: "¿Cómo esperas que crea en un Dios bueno cuando el mundo es así?", si no hay juicio en el futuro, no podría. Si limitáramos nuestras miras a esta vida, no podríamos creer en un Dios justo, pero la Biblia señala repetidamente que algún día en el futuro todo lo que el hombre haya sembrado también lo cosechará, porque Dios no puede ser burlado.

La segunda cosa a modo de introducción es esta: no solo es necesario el juicio, sino que también es necesario un día de juicio. ¿Por qué? ¿Por qué no podría Dios juzgar a cada uno de nosotros el día de nuestra muerte? ¿Por qué tiene que guardarlo todo para un gran día en el que tendrá lugar el juicio? Por supuesto, los cristianos nunca han creído que seamos juzgados apenas morimos. Hay un período de espera hasta la resurrección, luego el Día del Juicio. ¿Por qué un día? La respuesta es muy sencilla: la justicia debe ser pública.

Si alguna vez ha tenido la experiencia, como espero que haya tenido —tiene derecho a tenerla y debería aprovechar el derecho-—, si alguna vez ha tenido la experiencia de sentarse en un tribunal de justicia, sabrá que es perfectamente libre de entrar y sentarse en la galería pública. ¿Por qué? Porque hay un instinto muy arraigado en la justicia británica de que la justicia debe ser pública, de que debe verse que es correcta, de que debe ser presenciada por todos, de que no debe ser secreta, de que no debe ocultarse. Por muy doloroso y difícil que sea para los afectados inmediatos, no me gustaría que se suprimieran las tribunas públicas de nuestros tribunales de justicia, porque en un país en el que hay juicios secretos que no están abiertos al público, es porque hay un régimen totalitario que tiene miedo de dejar que la gente vea lo que está pasando por temor a que vean que no es justo.

La justicia debe ser pública, y debe verse así. Por eso la Biblia deja bien claro que el juicio de Dios será público, para que todos lo vean. ¿Por qué? Por tres razones. Primero, Dios debe ser reivindicado. Todo el mundo debe ver que Dios es justo. En este momento, mucha gente no ve esto. Dicen: "Dios es injusto. Dios no es equitativo. ¿Por qué hace esto? ¿Por qué permite eso?". Debe haber un día en el que todos miren a Dios y digan: "Él es justo. Él es equitativo". Debe ser reivindicado. Cristo debe ser reivindicado públicamente. La última vez que el mundo vio a Cristo en un día de juicio, lo vieron condenado como un criminal. Debe haber un día en el que Cristo sea visto públicamente como recto, justo y equitativo.

Los cristianos deben ser reivindicados. El mundo ha sido muy injusto con los cristianos. No ha habido un periodo de diez años en los últimos dos mil años en el que los cristianos no hayan sido martirizados por pertenecer a Jesús. Los cristianos deben ser reivindicados. Debe llegar un día en el que sean vistos como el pueblo de Dios públicamente. Por lo tanto, este hecho de un día de juicio está escrito en la Biblia. No podemos leer la Biblia sin encontrarlo. Está ahí en los profetas del Antiguo Testamento; está ahí en las epístolas del Nuevo Testamento. Sobre todo, está ahí en casi todas las historias que nuestro Señor contó.

Estudie las parábolas de Jesús, esas historias sorprendentes que son tan profundas en la verdad que podríamos seguir estudiándolas durante toda la vida y nunca llegar al fondo de ellas, y una y otra vez la historia apunta a un día. El trigo y la cizaña crecen juntos hasta que llega un día en que se separan. Las ovejas y las cabras pastan juntas hasta que llega un día en que se separan. Las vírgenes prudentes y las insensatas están juntas hasta que llega un día, un momento, en que se separan. Los peces buenos y los malos atrapados en la red de pesca están juntos hasta que llega el día en que son clasificados y distinguidos. Muchas historias de Jesús terminan con el día en que la hoz se introduce en la cosecha, cuando llega una crisis que divide lo que antes estaba junto.

Veamos ahora este Día del Juicio como un juicio, como un tribunal. Así es como se nos dice que lo veamos en las escrituras. En primer lugar, veamos al juez. ¿Quién está sentado en el estrado hoy? Habiendo estado en los tribunales de vez en cuando, me he dado cuenta de que a menudo este es un factor crucial. ¿Quiénes son los jueces de hoy? Es tal o cual, él es un poco duro, o ella es un poco blanda, y así se dice. ¿Quién es hoy? Es una cuestión vital. ¿Quién me va a juzgar? ¿Quién va a llevar este caso? La respuesta obvia sería Dios el Padre, pero sería una respuesta equivocada, porque para este gran día el Padre ha delegado la responsabilidad del juicio en otra persona. Esa es la enseñanza bíblica. La ha delegado en un ser humano, en un hombre. Un hombre juzgará a la raza humana: alguien que sabe lo que es ser humano; alguien que ha conocido todas las presiones y todos los problemas de vivir una existencia humana. Su nombre es Jesús.

Escuche a Pablo predicando en Atenas, el centro del mundo intelectual de aquellos días: "Él [Dios] ha establecido un día en el cual juzgará al mundo en justicia, por medio de un Hombre [Jesús] a quien ha designado". Jesús sigue siendo un hombre. No debemos olvidarlo. No se hizo hombre por treinta y tres años, sino por la eternidad y, cuando aparezca en el estrado en este día, aparecerá como un hombre, porque es un hombre. Será un hombre quien juzgue a la raza humana. Me parece muy intrigante y, de hecho, sobrecogedor, darme cuenta de que, en ese día, Jesús, sentado en el estrado, se enfrentará a Poncio Pilato en el banquillo. Los que han juzgado a Jesús a lo largo de los años y han dicho lo que pensaban de él se encontrarán con que la cuestión crucial es lo que él dice y piensa de ellos, una inversión de la situación que leemos en los Evangelios.

Ahora bien, ¿quiénes son los prisioneros? La respuesta es que todos los seres humanos que han vivido, grandes y pequeños, reyes y esclavos, muertos y vivos, los que se han ahogado en el mar estarán allí. Eso se nos dice específicamente en la Biblia. Aquellos que han sido enterrados en la tierra estarán allí. Todos estarán allí. Este es un punto muy importante. Cada persona será tratada personalmente. Supongo que sería un poco de consuelo para algunos si fuéramos a ser tratados en bloques, en naciones, pero está claro como el cristal de las escrituras que no será así. No me pregunte cómo Dios puede hacer esto. No puedo explicar como Dios puede tener un juicio tratando con cada uno personalmente en un día de juicio y habiéndome sentado por horas en la corte esperando que el caso de alguien sea traído a colación. No sé cómo puede hacerlo. No sé cómo sabe el número de cabellos de mi cabeza, pero solo sé que es Dios.

Se las arreglará, pero ciertamente se ocupará de cada uno personalmente. Todo lo que no sea eso sería injusto. En la escuela, cuando el director o el maestro nos retenían a todos y nos castigaban por lo que había hecho un chico, instintivamente sentíamos que era injusto. Sería igualmente injusto si Dios hiciera lo mismo, así que se nos dice en la Biblia, de manera muy sencilla, que cada uno de nosotros dará cuenta de sí mismo. No tendrá que dar cuenta de nadie más, solo de sí mismo. Él tratará con cada uno personal y directamente. No daremos cuenta de la vida de nadie más que de la nuestra. Eso debería hacernos preocupar más por nuestras propias normas que por las de los demás.

Tercero: ¿qué pruebas se presentarán? Digamos en primer lugar que las pruebas de la apariencia no tendrán ningún valor en ese día. Lamentablemente, todos juzgamos a los demás por la apariencia. Tenemos que hacerlo. Esa es la parte que vemos. Nos juzgamos unos a otros por lo que vemos, pero se nos dice que el Señor no mira la apariencia externa, sino el corazón. Es el interior de nosotros, no el exterior, lo que le preocupa.

Se nos dice que no será la evidencia de lo que profesamos, lo que decimos. "No todo el que me dice: 'Señor, Señor'", dijo Jesús. "No todo". No es lo que decimos. Puede que haya cantado himnos. Puede que haya hecho oraciones. Lo que profesamos, lo que decimos, no es la evidencia que él usará. Se nos dice que no utilizará el testimonio de otras personas. No habrá testigos para la defensa, porque Dios sabe todo lo que hay que saber. No podremos decir: "¿Quiere oír a mi vecina de al lado? La he ayudado bastante y hablará bien de mí". Dios conoce perfectamente las pruebas. No habrá testimonios. No habrá argucias sobre los tecnicismos de la ley, porque se trata de una ley perfecta. No habrá lagunas, ni argucias que puedan facilitar la situación.

¿Qué evidencia se utilizará? Se nos dice esto, que se abrirán los libros. ¿Qué habrá en esos libros? ¿Qué pruebas habrá en ellos? La respuesta es muy sencilla. Todo lo que hemos hecho en el cuerpo son obras. Ahora permítame explicar esta palabra, "obras". No significa solamente nuestras buenas obras. Significa todo lo que hemos hecho y dicho y sentido que fue una expresión de nuestro verdadero carácter; no solo cuando estábamos de servicio o en exhibición, sino todo lo que hemos dicho y sentido y hecho que expresaba lo que realmente éramos.

Por eso, una de las cosas más aterradoras que creo que dijo Jesús fue que seríamos juzgados por nuestras palabras ociosas. Se refería a los deslices ocasionales de la lengua que salían y revelaban cómo éramos en realidad. Esta es la evidencia que se tomará: todo lo que ha expresado nuestro verdadero carácter. Ha sido registrado en los libros. Como dijo nuestro Señor, eso significa que muchas cosas secretas serán reveladas. Las cosas que se hicieron y se dijeron en la alcoba se gritarán desde los tejados. Cosas que otras personas no sabían de nosotros saldrán a la luz en ese día como evidencia.

Ahora, la cuarta pregunta: ¿con qué criterio se examinarán estas pruebas? ¿Cuál es la nota de aprobado? Como capellán de la RAF, solía divertirme mucho con los reclutas, los muchachos que entraban y tenían que comparecer ante un ministro religioso antes de pasar a su formación. Solía preguntar cuántos metodistas había, cuántos bautistas, etc. Alzaban la mano y entonces yo decía: "¿Y cuántos cristianos hay?". Parecían muy indecisos y algunos miraban para ver si alguien más levantaba la mano.

De vez en cuando alguno lo hacía, y por una mirada a la cara sabía que sabían lo que quería decir, pero normalmente los demás decían: "¿Qué quiere decir con un cristiano?". Yo decía: "Bueno, ¿qué crees que es un cristiano?". Ellos decían: "Alguien que cumple los Diez Mandamientos". Es sorprendente la frecuencia con la que surgía eso, así que solía decir: "Bien, un cristiano es alguien que guarda los Diez Mandamientos; ¿cuántos cristianos hay aquí?". De nuevo había dudas. "Bueno, nadie puede cumplirlos todos, Padre". "Muy bien, entonces. ¿Cuál es la marca de aprobación? ¿Cuántos hay que guardar?". Casi siempre resolvían después de una considerable discusión por seis de diez, y entonces yo decía: "Bien, un cristiano es alguien que cumple seis de los diez mandamientos. ¿Cuántos cristianos hay aquí?".

¿Cuál es el listón de aprobación? ¿Cuál es el estándar? La respuesta es muy sencilla, pero mucha gente parece tener dificultades en este punto. No es necesario pensar de esta manera. La respuesta es que la norma es la voluntad revelada de Dios. Para ir un paso más allá, cada uno de nosotros será juzgado por la medida en que conozca la voluntad revelada de Dios; ni más ni menos. Obviamente sería totalmente injusto que Dios juzgara a alguien por lo que nunca conoció. Tenemos una garantía en la escritura escrita allí en blanco y negro en Romanos 2 que tal cosa nunca sucederá. Lo que se nos dice es que cada uno será juzgado según la luz que haya recibido. Nada podría ser más justo.

Ahora veamos brevemente tres grupos principales de personas a este respecto para verlo con claridad. En primer lugar, los que han oído hablar de Jesucristo y conocen las normas cristianas serán juzgados por las normas cristianas y por Jesucristo. Mucha gente me dice: "¿Y los que nunca han oído?". Mi respuesta es: "Bueno, ustedes han oído, y son ustedes los que deben rendir cuentas". Puede dejarlos en manos de Dios, pero si ha oído será juzgado por ello. No será juzgado de la misma manera que ellos, pero si ha oído hablar de Jesús, si ha oído que murió para salvarlo, y que deseaba que fuera su discípulo y se ha negado a serlo, será juzgado por eso, de modo que existe lo que podría llamarse la "cristiandad".

Yo incluiría a Gran Bretaña en esto y a la mayoría de la gente de este país que todavía vuelve a los clérigos para que los entierren. La mayoría de la gente en este país parece tener al menos un conocimiento básico de las cosas cristianas todavía. Han tenido diez años de ello en la escuela. Sé que Dios tomará en cuenta el tipo de enseñanza que recibieron en la escuela, pero la han tenido. Han oído hablar de Jesús y hay una iglesia en casi cada esquina. Seremos juzgados por eso. "¿Cómo escaparemos si descuidamos una salvación tan grande?".

Luego están los judíos, que no han tenido lo que nosotros hemos tenido, pero se nos dice que los que han tenido los Diez Mandamientos serán juzgados por los Diez

Mandamientos. Todos los judíos han tenido eso. Luego está el mundo pagano, y la gente dice: "¿Qué pasa con ellos?". La respuesta es que ellos no han tenido el evangelio de Jesucristo, muchos de ellos. Ellos ni siquiera han tenido los Diez Mandamientos, pero han tenido dos cosas de Dios que han sido reveladas a ellos. Han tenido la creación. Las cosas que Dios ha hecho son suficientes para decirles que hay un poder más grande que ellos ante el cual deben inclinarse. Y todos han tenido una conciencia. Esta ha sido la revelación de Dios dentro de ellos de al menos alguna diferencia entre el bien y el mal, y serán juzgados por la luz que han recibido según la creación fuera de ellos y la conciencia dentro. No hay una persona en la tierra que no tenga algún tipo de conciencia, y será juzgada por ella. Así que, de hecho, la prueba de Dios sobre nuestra vida será hasta qué punto nos hemos relacionado correctamente con él y con los demás según la luz que hemos tenido.

Ese es un caso equitativo, justo y directo, pero francamente, me preocupa mucho, porque todavía no he conocido a una persona que pudiera mirarme a la cara, por muy ignorante que fuera de las cosas cristianas, y decir honesta y sinceramente: "Siempre he vivido según la luz que tenía. He seguido mi conciencia. He respondido a la verdad tal como la veía". No hay hombre o mujer que pueda hacer eso. Por lo tanto, Pablo tiene razón al concluir que Dios juzgará por la luz que hemos recibido, y por esa luz todos somos culpables ante Dios. Es tan simple y sencillo como eso.

Si la gente pregunta: "¿Por qué tenemos que enviar el evangelio al extranjero?", esta es la razón. Si estuvieran en un estado de inocencia ante Dios, entonces llevarles el evangelio los condenaría. Enviaría al infierno a muchos que no iban a ir allí porque los haría culpables de rechazar la luz, pero la Biblia afirma que tienen luz y ya la han rechazado. Por lo tanto, necesitan desesperadamente el perdón que viene a través de Jesucristo. Ese es el corazón del trabajo misionero. Es el corazón de la evangelización. Por eso predicamos a Jesús porque, aunque en teoría si un hombre vive de acuerdo con la luz que tiene Dios lo aceptará en ese día, en la práctica, ninguno de nosotros lo ha hecho. Tampoco podemos culpar a nuestra herencia y entorno. Todos debemos decir, aunque sea en cierta medida, que somos responsables de las personas en que nos hemos convertido, que ninguno de nosotros es el hombre o la mujer que podríamos haber sido si hubiéramos respondido perfectamente a lo que sabíamos que era correcto.

Esto nos deja en un estado de culpabilidad. Como Belsasar, somos pesados en la balanza y hallados deficientes, y sin embargo se nos dice en la escritura que un gran número de personas serán absueltas. De hecho, va más allá y dice que un gran número de personas ni siquiera llegarán al banquillo de los acusados y estarán sentadas en el estrado ayudando al juez. Aquí llegamos a la declaración más extraordinaria de la Biblia, creo: que habrá un gran número de personas que se sentarán en el estrado con Jesús para juzgar al mundo. Son personas que no serán condenadas, sino absueltas o, en el lenguaje de los tribunales romanos, justificadas.

¿Por qué debería ser así? La respuesta es que hay otro libro que debe ser abierto. Los libros que ya he mencionado son los libros que registran nuestro carácter real expresado en pensamiento, palabra y obra, pero hay otro libro que se abrirá en ese día y se llama el Libro de la Vida del Cordero. Es un libro que pertenece a Jesús y en el que solo él puede escribir. Es un libro que contiene los nombres de muchas personas, incluido, espero, su nombre. Si no es así, no será culpa de nadie más que suya que su nombre no esté en ese libro.

Es un libro de aquellos que han pedido que su caso sea tomado antes. Es un libro de aquellos que han pedido deliberadamente a Dios que no espere hasta el Día del Juicio antes de tratar el pecado, sino que lo tome ahora mismo, que tome el caso antes. No con la esperanza de ser absueltos porque las buenas acciones superan a las malas y que de alguna manera podríamos pasar esa marca de aprobación, sino con el conocimiento de que Jesucristo murió para que podamos ser absueltos, justificados, perdonados libremente. De eso se trata la cruz. Ese es el corazón de la misma.

Dios no quiere castigarnos, así que Dios no se deleita en devolver a la gente lo que ha hecho. Dios no se alegra de la muerte de un malvado. Dios es un Dios de amor y misericordia, así como de justicia, y anhela tomar el caso de las personas antes de tiempo y absolverlas. Anhela hacer eso, pero si lo hiciera sin la cruz no sería un Dios justo. Si simplemente pasara por alto y guiñara el ojo ante nuestros pecados y dijera: "Bueno, ya está, la gente es así. Perdonemos y olvidemos", yo nunca podría decir que es bueno. Podría decir que era amable, pero nunca podría decir que era bueno. Él tenía que encontrar algún modo en el que la justicia y la misericordia pudieran satisfacerse juntas, y lo encontró en la cruz. Por eso puede tomar su caso ahora. Usted puede alegar que todos los pecados que ha hecho y todos los que va a hacer pueden ser tenidos en cuenta y tratados ahora. Una vez que haya obtenido la absolución de un tribunal, con todo lo que ha hecho tomado en cuenta y confesado libremente, una vez que tenga esa absolución nunca más podrá ser acusado del mismo delito.

Esto es el evangelio. Esta es la buena noticia para aquellos que saben que, cuando llegue el día en que se presenten desnudos ante Dios, y todo lo que han expresado en la vida de su verdadero ser sea sacado a la luz pública, no tienen ni un ápice de posibilidades de ser absueltos en ese día, pero pueden, sin embargo, decir humildemente: "Dios, por Jesucristo, ¿tomarás mi caso ahora? ¿Tendrás en cuenta todo lo que he hecho y porque Jesús murió en mi lugar para ocuparse de esas cosas, ¿aceptarás que tu justicia está satisfecha por su muerte y podré implorar tu misericordia?". Todo hombre, mujer o joven que haga eso tendrá su nombre escrito en otro libro, el Libro de la Vida del Cordero, y ese libro será abierto en el gran día.

¿Significa esto que los cristianos nunca serán juzgados? Un juicio de castigo, sí, significa eso. "Por lo tanto, ya no hay ninguna condenación para los que están unidos a Cristo Jesús". Nada podría ser más claro, pero hay una especie de juicio, si se puede llamar así, para los cristianos, con fines de recompensa, no de castigo. Cristo pondrá a prueba nuestro servicio para él, no para impedir que vayamos al cielo —llegaremos allí—, sino con el propósito de recompensarnos en el cielo. Nuestra posición en el cielo, nuestras responsabilidades allí dependerán de nuestra fidelidad desde que nos convertimos en cristianos aquí, y eso se menciona en más de un pasaje del Nuevo Testamento. Por lo tanto, un cristiano no es alguien que va bailando por la calle gritando: "Todos ustedes van a ir al infierno. Yo no. Todos ustedes van a ser juzgados. Yo no. Ahora puedo hacer lo que quiera". Un cristiano es uno que está tan agradecido por la absolución que ha recibido, y tan consciente de que su servicio todavía va a ser probado y recompensado en consecuencia, que en el temor de Dios pasa su tiempo de estancia aquí en un servicio fiel.

Este es, pues, el hecho del juicio, la segunda cita que todo hombre tiene, y aquí está la manera de tomar esa cita ahora, para conseguir que sea tratada ahora para que nunca más sca traída contra usted. "Vi también a los muertos, grandes y pequeños, de pie delante del trono". Este es el escritor del último libro de la Biblia. "Se abrieron unos libros, y luego otro, que es el libro de la vida. Los muertos fueron juzgados". En el próximo capítulo seguiremos con este estudio y veremos esta cosa llamada infierno. ¿Qué significa realmente? Luego, en el capítulo siguiente, para citar a Charles Wesley en un hermoso himno, "las olas se dividen, y nos llevan a todos al cielo".

5

EL INFIERNO

El tema de este capítulo es el infierno. Las reacciones de los lectores ante esta palabra pueden variar enormemente. Para el obrero británico la palabra "hell" (infierno) puede ser simplemente una palabrota que utiliza cuando se pega en el dedo en vez del clavo. Para la gente que vive en Texas, la palabra "hell" les trae a la mente una pequeña ciudad petrolera que se llama "Hell" y que a los turistas les encanta visitar para poder enviar una postal con ese matasellos. "Aquí estamos en el infierno pasándolo bien", o algo así. En British Columbia, Canadá, hay un valle profundo y oscuro llamado "Hell", y hay gente que vive en él. Algunos de ellos han elegido hacerlo por la novedad.

Para los anglosajones, entre los que se originó esta palabra, "hell" significaba simplemente un lugar oculto. Se utilizaba, por ejemplo, para referirse al hueco que había bajo el banco de un sastre donde tiraba todos los restos de material que no necesitaba, simplemente un lugar oculto. Los amantes lo utilizaban como lugar de encuentro secreto en el que podían pasar desapercibidos para los demás. La palabra "hell", tal como se originó en el idioma inglés, significaba simplemente un lugar que no se puede ver, un lugar oculto o un lugar oscuro.

Puede empezar a ver cómo quedó unido a otras ideas, pero supongo que para el mundo occidental en general la palabra "infierno" significa algo mucho más serio que eso, porque hemos estado muy influenciados por la poesía de Dante y de

Milton, y por las pinturas de Durero. Tenemos una imagen del infierno, parte de la cual puede ser cierta y parte no. Ha habido cierta ornamentación por parte de la imaginación humana.

En este capítulo, no me preocupan algunas ornamentaciones. No me interesa la temperatura del infierno ni el mobiliario del cielo. No me preocupan los chistes sobre el helado al rojo vivo y demás, que estoy seguro de que usted ha escuchado tanto como yo en la escuela y en el trabajo. Me preocupa la realidad. Ahora bien, la idea de que en la otra vida hay un lugar bueno para la gente buena y un lugar malo para la gente mala es algo que se había apoderado de la mente humana mucho antes de que se escribiera el Nuevo Testamento.

En lo más profundo de la naturaleza humana existe la creencia instintiva de que después de la muerte hay algún tipo de distinción entre los buenos y los malos, y que hay dos lugares que aguardan en el futuro, uno de los cuales es un lugar de dicha interminable y el otro, un lugar de tormento interminable. Platón, por ejemplo, describe estos dos lugares, dándoles dos nombres. "Elysium" es el nombre que da al lugar feliz, y puede que haya oído hablar de los Campos Elíseos, pero al otro lugar le dio la palabra "Tártaro". Es bastante interesante que esa palabra se utilice en el Nuevo Testamento, aunque originalmente fue acuñada por un filósofo pagano. El Nuevo Testamento parece aprobar una idea que comenzó fuera de la Biblia.

Voy a definir el infierno por el momento como un lugar de tormento consciente donde los malvados son castigados para siempre. Preguntaré: "¿Es posible, correcto, que los cristianos sostengan una idea tan terrible hoy en el siglo XXI?". Lo abordaré desde tres ángulos. En primer lugar, desde un ángulo intelectual, que trata algunos de los argumentos que se han utilizado en ambos lados; luego voy a abordarlo desde un ángulo bíblico o escritural para preguntar: "¿Qué dice realmente la Biblia?". Y luego, en tercer lugar, voy a abordarlo desde un ángulo práctico, con la pregunta "¿Qué diferencia hace a nuestra vida diaria si creemos en esto o no?".

Tomemos, pues, en primer lugar, el enfoque intelectual. Ahora bien, no cabe duda de que la mayoría de la gente en la sociedad actual ha rechazado la creencia en el infierno. He hablado con muchas personas sobre este tema y parece bastante claro que la mayoría de la gente en Gran Bretaña ya no cree en la idea tal y como la he definido. Se han planteado muchas objeciones a la idea del infierno y se han propuesto ciertas ideas alternativas en su lugar.

Hace algún tiempo recogí en una librería de segunda mano un viejo libro titulado *Is There a Hell?* (¿Existe el infierno?). Fue publicado en 1913 y fue producido por una docena de ministros protestantes y católicos romanos. De esa docena, solo había dos en 1913 que creían en el infierno como lo he definido. El resto planteó las objeciones. Si esto era así en 1913, hoy ha ido aún más lejos. Recuerdo una reunión de ministros de la iglesia discutiendo esto. Descubrí rápidamente que de todos los ministros presentes que representaban a todas las denominaciones, solo el sacerdote católico romano y yo seguíamos creyendo que había algún lugar que pudiera llamarse "infierno".

Ahora, si los ministros de la iglesia han dejado de creer en esto, creo que sería una suposición justa que la mayoría de las personas a las que enseñan lo han hecho. Si la mayoría de las personas a las que enseñan han dejado de creer, creo que se puede decir con casi total seguridad que la gran mayoría de las personas fuera de la iglesia también lo han hecho. ¿Cuáles son las razones de esta huida moderna de la idea? Aquí están. Le doy seis objeciones que se han planteado que son muy sincera, muy plausibles y muy lógicas.

En primer lugar, y esta no es la objeción lógica, hay quienes se oponen a la idea del infierno por motivos sentimentales; no les gusta la idea, y punto. Me temo que no voy a tratar esto muy seriamente porque el sentimiento hace estragos en nuestra creencia. Si permitimos que nuestros sentimientos controlen lo que creemos, entonces, francamente, acabaremos en una selva o en un desierto, y cambiaremos nuestras creencias constantemente. Si digo que voy a no creeré en algo porque no me gusta la idea, entonces tendré que cerrar mi mente a una gran cantidad de hechos de la vida. Muchos de los hechos de la vida son desagradables, y a los sentimentales no les gusta enfrentarse a ellos. Eso no es entonces ninguna objeción, pero tal vez esté detrás de la negativa de mucha gente a estudiar cuidadosamente la cuestión del infierno.

Ahora, pasando a una objeción más seria, la idea del infierno ha sido objetada por motivos psicológicos, sobre la base de que produce temor y que el temor es un motivo malsano. Por lo tanto, no debe ser utilizado. En consecuencia, la idea del infierno, que por sí misma está destinada a producir temor, debe ser errónea: esa es la objeción psicológica. Se podría responder que, de hecho, el temor puede ser algo muy saludable. Si se convierte en una fobia, entonces paraliza la acción, lo cual no es saludable, pero el miedo al tráfico y el miedo al fuego y el miedo a muchas cosas es bastante saludable si produce la acción correcta. Si se convierte en una fobia y no podemos pensar en nada más y tenemos pánico y estamos paralizados por el miedo, entonces no es saludable. Esta es la objeción psicológica. Esta objeción, más que ninguna otra, ha impedido a los predicadores tratar este tema por temor a que, como resultado de la predicación, envíen a sus fieles a estados neuróticos o psicóticos, en lugar de llevarlos al Salvador.

En tercer lugar, hay una objeción social a la idea del infierno. Esta objeción es la siguiente: en la sociedad nos hemos alejado de la idea del castigo por sí mismo, que llamamos retribución. Ahora solo castigamos por razones de disuasión o de reforma, ya sea para evitar que otros lo hagan o para reformarlos. Y es obvio que el infierno no podría hacer ninguna de las dos cosas. Por lo tanto, por razones sociológicas, si no creemos en el castigo por sí mismo en nuestra sociedad, ¿cómo podría Dios ser peor que nosotros?

Una cuarta objeción es moral. El infierno no es justo, dice esta objeción. Seguramente es injusto si por unos pocos pecados en una corta vida una personas es castigada eternamente. El castigo es, por tanto, desproporcionado con respecto al crimen, y no es justo ni equitativo. Esa es la objeción moral.

En quinto lugar, hay una objeción filosófica. Dice que, si hay un infierno, entonces Dios ha fallado. El mal es eterno y el Dios Todopoderoso ha fracasado en tratar y eliminar el mal, y el mal será tan eterno como él. Esa es la objeción filosófica.

Por último, hay una objeción teológica: si Dios es un Dios de amor, ¿cómo podría enviar a alguien al infierno? Este es un argumento que quizás sea el más utilizado dentro de la iglesia.

Sin tratar en este momento estos ataques, estas objeciones que se han hecho, permítanme añadir una observación interesante. Casi todas las sectas con los que tenemos que tratar de lidiar —muchos de los cuales se originaron en Estados Unidos en el siglo XIX y no se han extendido aquí— han atacado la idea del infierno y la han descartado. Los Testigos de Jehová no creen en el infierno, los de la Ciencia Cristiana no creen, los espiritistas no creen. Me parece muy interesante que estas sectas no crean en él. Una de las razones de su atracción ha sido que se han deshecho de lo que los cristianos han creído durante dos mil años.

Supongo que, entre las iglesias de hoy, los católicos y los evangélicos son dos grupos que aún mantienen la definición tradicional del infierno, pero probablemente la mayoría de los demás en medio ahora lo han descartado. Ahora bien, si descartamos el infierno, ¿qué ponemos en su lugar? Para que el mundo tenga justicia, debe haber algún tipo de alternativa. De lo contrario, todo el universo se vuelve terriblemente injusto.

Hay tres alternativas con las que me he encontrado. La mayoría de las demás son adaptaciones de estas. La primera es la que sostiene el hombre de la calle, que el infierno es el sufrimiento autoimpuesto en esta vida. En un lenguaje sencillo, uno crea su propio infierno aquí, uno es su propio infierno, porque uno lo ha creado. No tiene nada que ver con Dios en absoluto. Dios no manda a nadie al infierno; uno se pone ahí, y se pone ahí en esta vida. No hay un infierno después de la muerte al que enfrentarse, no hay un Dios al que enfrentarse que nos envíe allí. Todo está aquí y es de nuestra propia creación. Por lo tanto, también podemos deshacerlo. Muchas personas me han dicho con toda franqueza: "Creo en un infierno, pero es el infierno que uno mismo se crea aquí. Es un infierno en que tenemos que vivir como resultado de nuestras propias acciones". El gran inconveniente de este punto de vista es que hay mucha gente que debería estar en ese tipo de infierno y no lo está. Hay mucha gente que está en él y que no ha hecho nada para merecerlo. Esta es la primera alternativa.

La segunda alternativa, que acepta la vida después de la muerte, mientras que la primera no lo hace, es decir que, en última instancia, en un futuro lejano, Dios salvará a todo el mundo. Este es quizás el punto de vista más comúnmente enseñado en las iglesias hoy donde el punto de vista tradicional ha sido rechazado. Esta creencia de que Dios traerá algún día a todo el mundo a sí mismo se llama "universalismo". La idea es que Dios encontrará una manera, si no en esta vida, en la siguiente, de traer a cada persona a sí mismo. Mi mayor dificultad aquí es francamente el libre albedrío del hombre. Si el hombre es libre de aceptar o rechazar, entonces Dios ha limitado su propia libertad hasta el punto de que, si obliga a todo el mundo a ir al cielo, entonces no los está tratando como seres humanos. Esa es mi dificultad. Es la segunda alternativa.

La tercera alternativa, sobre la que se está reflexionando

mucho más seriamente, aunque ya se mencionó hace tiempo, es lo que se llama "inmortalidad condicional" o "aniquilación", que significa que los malvados se extinguirán por completo, y solo los justos vivirán para siempre. Los malvados se extinguirán por completo. Esta es la creencia de que en algún momento después del juicio los buenos seguirán viviendo, pero los malvados dejarán de existir absolutamente para siempre.

Francamente, esto reduce considerablemente el aspecto del castigo. Lo máximo que podría temer un malvado sería un sermón del Juez antes de desaparecer. Si esto es así, entonces por mi propia experiencia personal he descubierto que la extinción no es ningún castigo y que la mayoría de la gente preferiría la extinción. De hecho, alguien me dijo en la cara: "Preferiría la extinción a estar en el cielo. La idea de estar con Dios y su pueblo para siempre me horroriza". La extinción, por tanto, no sería un castigo si solo existiera eso.

Ahora bien, eso lo ha abordado desde una especie de punto de vista intelectual, ha examinado las objeciones, las alternativas sugeridas. ¿Cómo empezamos a responder a esto? La respuesta, sin duda, es que el cristiano, pero no cualquier otra persona, quiere saber lo que la Biblia realmente dice. Si ésta es la Palabra de Dios, entonces Dios está en mejor posición para saberlo y debemos preguntar, en primer lugar: "¿Qué ha dicho él?". Pero debemos tener mucho cuidado de estudiar la Biblia correctamente. El hecho de que en el pasado hayamos tenido predicadores del fuego del infierno que ornamentaban y exageraban debería advertirnos de que no debemos predicar ni creer lo que la Biblia no dice, por muy escabrosos, o de una forma un poco sádica, atractivos que sean tales ornamentaciones. Por otro lado, debemos tener cuidado de ver todo lo que la Biblia sí dice.

Veamos ahora el enfoque bíblico por un momento. La primera sorpresa que muchos encontrarán es esta: no hay casi nada sobre el infierno en el Antiguo Testamento. Esto es una sorpresa, porque mucha gente dice que el Antiguo Testamento es la parte severa de la Biblia. Esa es la parte en la que se pinta a Dios como un Dios que castiga y descarga su ira, la idea de que el Antiguo Testamento es sobre un Dios que castiga y el Nuevo Testamento es sobre un Dios que perdona.

A decir verdad, mi doctrina sobre el infierno no podría construirse a partir del Antiguo Testamento porque no hay casi nada en él. Hay mucho sobre el sheol o hades, el mundo de los espíritus difuntos, el intermedio, pero casi nada sobre el infierno en todo el Antiguo Testamento. Así que, cuando preguntamos qué dice la Biblia, tenemos que empezar pasando la mitad.

Cuando llegamos al Nuevo Testamento, encontramos otra cosa muy sorprendente. Encontramos que casi no hay nada sobre el infierno en las epístolas. Quienes piensan que Pablo era culpable de tomar la bonita religión de Jesús y añadirle mucho rigor judío, estarán totalmente confundidos en este tema. Aquellos que piensan que a Pablo le gustaba colgar a la gente sobre el foso en su predicación descubrirán que no es así. Entonces, ¿de dónde sacamos nuestra idea del infierno? La respuesta es muy sencilla: de los labios de Jesús.

Si se eliminan las cosas que dijo Jesús, sería difícil construir una creencia en el infierno. ¿Por qué habría de ser así? La respuesta, creo, es muy sencilla: Dios quería que lo tuviéramos directamente de su Hijo. Es como si fuera una doctrina demasiado terrible y profunda para confiarla a otra persona. Es como si quisiera decir: "Quiero a la persona de la que estarás convencido que es más amable, más amorosa, más misericordiosa que cualquiera que haya vivido jamás, quiero que ella te hable del infierno, porque dudo que lo creas de alguien más".

Imagine una Biblia en la que Jesús no diga nada sobre el infierno y todo venga de Jeremías y Pablo. Puedo adivinar lo que pasaría. Puedo adivinar lo que se diría. La gente diría: "Ya está, mi religión es la religión de Jesús. Estos hombres la han tergiversado debido a sus mentes estrechas y sus naturalezas estrictas". Pero en realidad fue el Salvador amoroso, amable y misericordioso quien habló sobre este tema. De todas las referencias que he buscado para preparar este capítulo la gran mayoría provienen de los tres primeros Evangelios (Mateo, Marcos y Lucas).

Voy a considerar uno o dos de sus dichos. La cuestión decisiva para los cristianos no es filosófica, moral o psicológica, ni ningún argumento del hombre, sino la cuestión de si Jesús es la Verdad cuando dice: "Si una cosa no fuera así se los habría dicho" ¿Lo creemos o no? ¿Es el Señor de mi mente? Alguien me dijo una vez esto cuando cuestioné algo en los Evangelios, y nunca lo he olvidado: "Si Jesús es tu Señor, entonces aceptas que lo que dice es verdad tanto si tu mente lo dice como si no, pero si solo aceptas sus dichos cuando tu mente está de acuerdo con ellos, tú eres el señor y no Jesús".

Si solo acepto las cosas de esta Biblia con las que mi mente está de acuerdo, entonces me estoy haciendo señor de la Biblia. Este es el verdadero problema que encontré cuando estudié esto, y confieso francamente que mi propia mente, mi propio temperamento, mi propia naturaleza no podía aceptar el infierno. La razón por la que se lo enseño como verdadero es que Jesús debe ser el Señor de mi mente. Debo creer que su mente es mucho más lógica que la mía, y mucho más capaz de ver la verdad que la mía. Llámelo suicidio mental si quiere, llámelo sumisión si quiere, pero creo que el único camino a la verdad es someterse a aquel que dijo: "Yo soy la Verdad".

Ahora bien, ¿qué dijo? Voy a construir lo que tengo que decir en torno a solo dos o tres textos suyos. Hay otros que se podrían tomar, pero no hay espacio aquí. Aquí está el primero: "No teman a los que matan el cuerpo, pero no pueden matar el alma. Teman más bien al que puede destruir alma y cuerpo en el infierno". Esto es muy sencillo: viene de nuestro Salvador, viene del Señor Jesús. Quiero trabajar el texto de atrás para adelante.

Tomemos la última palabra, la palabra "infierno". La palabra que usó de hecho no era esa palabra, que es una palabra anglosajona (*hell*, en inglés). Como sabrá, era la palabra *Gehena*. Si ha estado en Tierra Santa, probablemente ha visto este lugar. He caminado a través de él. Gehena, o el Valle de Hinón, es un valle profundo que recorre dos lados de la ciudad de Jerusalén. Es un valle profundo y oscuro, y en su fondo hay un punto al que nunca llega el sol; siempre hay sombra.

Este valle sombrío solía ser un lugar para las residencias de verano de los reyes de Israel. Luego se convirtió en un lugar de cultura. Luego se convirtió en un lugar de culto pagano y se erigieron santuarios donde se llevaron a cabo actividades de magia negra y ocultismo, y finalmente se convirtió en un lugar tan contaminado que la gente mataba y quemaba a sus propios hijos a los dioses paganos a la vista de la ciudad de Dios.

Un joven rey piadoso llamado Josías, que llegó al trono a la edad de doce años, vio lo malo que era eso y profanó el valle y ordenó que nadie viviera en él. Puso fin a las abominaciones que tenían lugar y lo llamó Tofet, el Valle de los Escupitajos. A partir de ese día, se convirtió en el basurero, el basural de Jerusalén. Todo lo que no se quería era arrojado por encima de la muralla, caía en el valle, y allí ocurrían dos cosas con la basura: los gusanos y las larvas se comían lo que era comestible y se mantenían encendidas hogueras para destruir el resto.

En la época de nuestro Señor, cuando un criminal era ejecutado, su cuerpo era arrojado a ese valle. El propio cuerpo de nuestro Señor habría sido arrojado allí si José de Arimatea no hubiera intervenido. Además, fue en las profundidades de ese valle donde un hombre llamado Judas se ahorcó y fue a su propio lugar. Ahora bien, cuando nuestro Señor hablaba del infierno siempre utilizaba este nombre, Gehena, un lugar para la basura, un lugar para la quema, un lugar de gusanos, un lugar asociado con el pecado y con el crimen; es una imagen vívida.

La siguiente frase, trabajando hacia atrás, es "alma y cuerpo", y está bastante claro que se está refiriendo a algo después de la resurrección, cuando el alma y el cuerpo se hayan reunido. Dijo que, aunque alguien pueda matar nuestro cuerpo, no debemos tener miedo porque si lo hace, no es lo peor que nos puede pasar. Por la forma en que algunas personas hablan, se podría pensar que eso es lo peor que puede pasar. Pero que alguien mate tu cuerpo no es lo peor que puede pasar; hay algo aún peor que puede pasarle al cuerpo y al alma juntos después. Por lo tanto, nuestro Señor está hablando claramente del futuro último.

La palabra "destruir" necesita ser analizada. A primera vista, parece que significa "extinguir, aniquilar, borrar por completo", pero quiero decirle que un estudio cuidadoso ha mostrado a todos los eruditos —todos están de acuerdo en esto— que la palabra no significa necesariamente eso. Se usa de algo que está arruinado, que se ha desperdiciado, que se ha vuelto inútil o que se ha perdido; se usa de la oveja perdida en la parábola de la oveja perdida; se usa del pellejo de vino marchito cuando se puso vino nuevo en él. También fue utilizada por Judas cuando la mujer derramó el ungüento sobre Jesús, lo que Judas vio como un desperdicio.

Cuando se estudia la palabra "destruir", la frase "echar a perder", significa en la escritura precisamente esto: ser inutilizado, ser desperdiciado, y ser arruinado. Así es exactamente como usamos la frase "echar a perder" hoy en día. Si se habla de una bolsa de agua caliente que se ha echado a perder, ¿qué queremos decir? ¿Que ha dejado de existir? ¿Que ha dejado de ser? No. Lo que se quiere decir es que se ha echado a perder, que se ha estropeado y que ahora es inútil para el propósito para el que fue hecho. ¿Qué se hace con él cuando se llega a esa etapa? La respuesta es muy clara: va al cubo de la basura. No hay nada más que se pueda hacer con algo que se ha echado a perder, nada en absoluto.

Si algo está roto, no pasa nada, se puede arreglar, pero si algo se ha echado a perder se ha vuelto inútil y solo se puede tirar. El valle de Gehena, en las afueras de Jerusalén, estaba lleno de cosas echadas a perder. Creo que Jesucristo tiene el poder de reparar vidas rotas, pero de lo que hablaba con el mayor horror no eran vidas que están rotas, sino de vidas que se están echando a perder. El texto más bello de toda la escritura es: "De tal manera amó Dios al mundo que dio a su Hijo unigénito, para que todo el que crea en él no se eche a perder, se arruine, se vuelva completamente inútil para Dios y para los hombres, sino que tenga vida eterna". Esa es la verdadera alternativa.

Note las palabras "al que": "Teman más bien al que puede destruir alma y cuerpo en el infierno". ¿Quién es este "al que" hay que temer? Algunas personas piensan que se refiere al diablo, pero el diablo es uno de los que va a ser destruido, así que es claramente Dios. El infierno no es algo que hago para mí mismo, sino algo que Dios va a hacer. La escritura es totalmente clara en esto: Dios lo hace, no yo.

La siguiente palabra, trabajando hacia atrás, es "teman". Si es psicológicamente malo que temamos al infierno, ¿por qué nos dijo Jesús que lo hiciéramos? Si se corre el peligro de empujar a la gente a todo tipo de condiciones psicológicas al hablar del infierno, ¿por qué Jesús lo hizo? Dijo: "Teman al que puede hacerlo".

Hasta ahora, solo he hablado de un texto, de una declaración de nuestro Señor. Si eso fuera todo lo que hay, sería suficiente, pero está lejos de ser todo. Debo ver rápidamente los demás. En Marcos 9, habla de los que son arrojados al infierno "donde su gusano no muere, y el fuego no se apaga". Está diciendo aquí que en este valle de la tierra los gusanos mueren y el fuego se apaga, y hoy se apaga. Aunque el día que caminé por ese valle un hombre estaba quemando basura en el fondo del mismo. Tengo una diapositiva de eso.

Los gusanos murieron y los fuegos se apagaron. Jesús dice aquí específicamente que el gusano y el fuego no cesan en el lugar del que está hablando y, si la gente cesa, entonces ¿por qué el gusano y el fuego continúan? Me parece una cosa imposible de entender. Observo que habla de "donde su gusano no muere", y donde "el fuego no se apaga". No sé qué son literalmente el gusano y el fuego. Use el lenguaje metafóricamente como quiera, pero la realidad detrás de la metáfora todavía está allí para tratar. La gente ha hablado del gusano como el gusano persistente de la conciencia y la memoria. Pueden hablar como quieran; esto no elimina el horror de la realidad.

La parábola de las ovejas y las cabras es otra historia muy conocida y que se lee en muchas iglesias el domingo al comienzo de la Semana de la Ayuda Cristiana. Creo que puede ser malinterpretada por muchos, como si al hacer buenas acciones a otros nos salvamos del infierno, pero ese no es el mensaje de la parábola. La parábola termina con esta afirmación sobre las cabras: "Apártense de mí, malditos, al fuego eterno preparado para el diablo y sus ángeles" y "aquellos irán al castigo eterno, y los justos a la vida eterna".

La última vez que escuché esto en la iglesia el ministro dejó de leer justo antes de ese versículo, pero es parte de la historia. Los que dicen que "eterno" no puede significar "sin fin" se enfrentan a la profunda dificultad de que casi todas las demás veces que se utiliza en el Nuevo Testamento sí significa "sin fin". Se dice que Dios es eterno, Cristo es eterno, su salvación es eterna, y en este mismo versículo el cielo es eterno. No podemos tener las dos cosas. Si el infierno es temporal, entonces el cielo también debe ser temporal. Cuando se usa la misma palabra para ambos es muy difícil no dar el mismo significado a ambos en la misma frase.

Jesús usó otras frases como "llanto y rechinar de dientes" y "tinieblas de afuera". Me dicen que en las regiones árticas durante el invierno lo más insoportable no es el frío, sino la falta de luz. Jesús habló de oscuridad. Por último, cito una más. Jesús dijo a sus críticos: "…cuando vean en el reino de Dios a Abraham, Isaac, Jacob y a todos los profetas, mientras a ustedes los echan fuera".

Enseñó claramente que desde el infierno se podía ver el cielo, pero no a la inversa. De hecho, es físicamente cierto sobre la presente Valle de la Gehena que desde el valle se puede ver la ciudad, pero los turistas han recorrido la ciudad y han vuelto a Inglaterra sin ver nunca la Gehena, ni el valle de Hinón. He hablado con muchos que han estado en recorridos de Tierra Santa y piensan que han visto todo, pero no han visto el fondo de este valle, y estaba a media milla de la mayoría de los lugares que vieron. Esta es la imagen que da Jesús, para saber que uno está fuera de él.

Es un cuadro horrible. Se confirma en el resto del Nuevo Testamento, en el que no entro. Simplemente cito las cartas de Pablo donde dice que los que no conocen a Dios o no obedecen el evangelio sufrirán el castigo, incluso la destrucción eterna. En el libro de Apocalipsis, dice que serán atormentados día y noche para siempre. El mismo libro habla de fuego y azufre. Veamos, entonces, las alternativas que la gente ha sugerido a la luz de las escrituras.

Sufrimiento autoimpuesto. Esto no tiene nada que ver con lo que Jesús dijo que era el infierno. El infierno está en la otra vida, no en ésta, y es Dios quien lo prepara, no nosotros.

Restauración universal. Me parece absolutamente imposible creer que todos serán de alguna manera forzados a ir al cielo un día a la luz de la muy clara enseñanza de nuestro Señor en el Sermón del Monte, en sus parábolas y en su enseñanza directa de que el infierno no es solo una posibilidad o incluso una probabilidad, sino una certeza. El diablo y los ángeles van a estar allí de todos modos, y todos los hombres que han aceptado su liderazgo se unirán a ellos.

Inmortalidad condicional. Voy a ser muy franco aquí y decir que creo que se puede hacer un caso basado en la mayor parte del lenguaje de las escrituras de que, en última instancia, después de un terrible sufrimiento, podría haber aniquilación, pero solo después de los sufrimientos del infierno. Me temo que debo ser honesto y decir que no todo el lenguaje puede ser interpretado de esta manera. Me quedo con la posición de que, por mucho que no me guste, por naturaleza o por la razón caída, debo aceptar que Jesús enseñó la concepción del infierno que los cristianos han creído durante dos mil años.

Ante este hecho espantoso, nos enfrentamos a una elección sencilla: ¿aceptamos al psicólogo, al filósofo, al maestro de ética moral, al sentimentalista y al teólogo, por un lado, que se oponen a esto, o aceptamos a Jesús, creyendo que conocía el amor de Dios Padre mejor que cualquiera de nosotros, y que, puesto que lo ejerció en su propia vida, en el fondo sabía que esto también era la verdad? Esa es la elección. Llegó un día en mi vida en que entregué mi razón a la suya y dije: "Jesús, no solo eres mi Salvador. Eres mi Señor, y eso significa que mi pensamiento está bajo tu dirección, así como todo lo demás". Por eso hoy creo en ello, no porque me guste, y estoy seguro de que usted lo intuye, sino porque creo que es la verdad.

Paso, pues, al aspecto práctico de esto. ¿Es solo una cuestión académica? ¿Es solo una cosa para escribir libros? ¿Es solo una creencia sobre la que se puede decir: "Bueno, tú lo crees, yo no; sigamos siendo cristianos"? La respuesta es que, si es verdad, los resultados más profundos llegan, en primer lugar, al no creyente. Si estudia las vidas de predicadores como Wesley y Spurgeon, encontrará que ellos no dudaron en suplicar a la gente que viniera a Cristo para salvarlos del infierno, porque era real y, porque odiaban la idea de que una sola alma fuera allí, predicaban con mayor ahínco.

Ahora preguntemos si hay ciertas cuestiones prácticas aquí. ¿Qué es lo que lleva a un hombre al infierno? Me parece que la mayoría de la gente cree que todo el mundo es bueno en cuanto muere —por la forma en que hablan, uno pensaría que sí— y cree que las únicas personas que están en el infierno son Hitler, Nerón y uno o dos más como estos. ¿Qué es, entonces, lo que lleva a un hombre al infierno? Según un proverbio inglés, son las buenas intenciones.

El camino al infierno está pavimentado con ellas. ¿Qué clase de buenas intenciones? Esta buena intención: "Me convertiré en cristiano algún día"; "Empezaré a ir a la iglesia cuando tenga la casa decorada"; "Empezaré a leer mi Biblia cuando tenga un poco más de tiempo libre". Ese es el tipo de buena intención que pavimenta el camino.

El doctor A. T. Pierson, un gran ministro de los Estados Unidos, decía que en su congregación había un juez americano y que su mujer era cristiana, pero él no. Un día, ese juez sentado en su estrado sintió la convicción de Dios sobre él y supo que debía decidirse. Sabía que Dios estaba muy cerca, y que podía aceptar a Cristo allí mismo. Pero a la semana siguiente vería un proyecto de ley en el gobierno estadounidense y su futura carrera dependía de que el proyecto se aprobara, y sabía en su corazón que era un proyecto que un cristiano no podía apoyar. El juez estaba en la encrucijada de su vida. O este proyecto de ley se aprobaba y su carrera progresaba o aceptaba a Cristo. ¿Sabe lo que decidió ese domingo? Decidió que se convertiría en cristiano después de que el proyecto de ley fuera aprobado, pero nunca lo hizo. Veinte años después murió sin estar más cerca de Cristo. Tenía la intención, pero, cuando llegó la crisis, la rechazó.

El camino al infierno está pavimentado con buenas intenciones como estas. Si alguna vez Dios le habla y sabe que debe ponerse de rodillas en algún lugar privado y decir: "Señor Jesús, sé que merezco el infierno y sé que voy a ir allí a menos que hagas algo por mí y te pido que me salves", entonces le ruego que lo haga cuando le llegue el impulso.

Según mi Biblia, estas son algunas de las cosas que pueden arrastrar a un hombre al infierno: celos, envidia, ira, embriaguez, malas palabras, hipocresía, cobardía, codicia, mentira y fornicación. Esta es una lista de cosas, cada una de las cuales, según el Nuevo Testamento, es suficiente para arrastrar a un hombre allí, por lo que Jesús dijo: "si tu mano derecha te ofende, córtala y échala de ti; porque te conviene que se pierda uno de tus miembros, y no que todo tu cuerpo sea echado al infierno".

No hablaba en forma literal porque, naturalmente, si uno se corta una mano sigue teniendo otra, y si uno se saca un ojo sigue teniendo un segundo. Lo que está diciendo es que, si hay algo que estamos mirando, algo que estamos haciendo con nuestra mano, a cualquier lugar a donde nos lleven nuestros pies, entonces cortémoslo. Mejor vivir una vida estrecha y ser llamado estrecho sin esto que ir con ello al infierno.

Mi siguiente palabra es "cómo". ¿Cómo puede un hombre escapar del infierno? La respuesta es muy sencilla. Es en la cruz donde el infierno se hace más real. Creo que los que no creen en el infierno nunca estudian la cruz. Dos aspectos de la cruz me dicen esto: primero, ¿qué necesidad terrible exigió que Jesús muriera antes de que Dios pudiera perdonarme? ¿Qué cosa terrible fue lo que hizo que la sangre de Jesucristo fuera el único precio suficiente para salvarme? La respuesta es que el infierno fue la terrible necesidad.

La segunda pregunta es ¿qué experiencia terrible pasó Jesús por mí? La respuesta es que pasó por el infierno. Si quiere saber lo que es el infierno entonces escuche al Hijo de Dios clamando: "Dios mío, Dios mío, ¿dónde estás? ¿Por qué está tan oscuro? ¿Por qué me has dejado? ¿Por qué no hay nada, ninguna sensación de tu presencia?". Era la primera vez que sentía eso en toda la eternidad. Aquello era el infierno, y lo estaba atravesando para salvarnos. La cruz es la mayor prueba del amor de Dios por el pecador y del odio al pecado.

Hay un himno que fue escrito por Charles Wesley que creo que lo resume perfectamente. Dice así:

El amor lo movió a morir / y en esto confiamos, / él ha amado, nos ha amado, / no podemos decir por qué. // Pero sí podemos decir esto: / nos amó tanto / como para dar su vida / para redimirnos del infierno".

¿No es un verso maravilloso? Si usted no cree en el infierno, entonces le pregunto: ¿por qué Jesús tuvo que pasar por el infierno por usted? Si no cree en esta horrible posibilidad, ¿por qué tuvo que morir? Es imposible encontrar una respuesta.

Mi última palabra es muy práctica, y es para los cristianos. Si lo que he dicho es verdad, entonces la prioridad de cada cristiano es ganar a otros para Cristo. No importa qué otra cosa hagamos por otras personas, esta debe ser nuestra tarea principal. Uno de los rasgos más preocupantes de las últimas décadas es la disminución del interés por salvar almas y el abundante entusiasmo por alimentar cuerpos. Quiero hablar con mucho cuidado aquí, porque durante la Semana de la Ayuda Cristiana se nos pide que demos y recojamos para cuerpos hambrientos. Es correcto y adecuado que así sea.

Alguien que puede ver a alguien hambriento y no hacer algo al respecto no es cristiano, pero las sociedades misioneras tienen grandes dificultades para conseguir dinero para salvar almas. Durante el siglo XIX, los cristianos de este país enviaron hombres y dinero en número creciente a todo el mundo. Fue la mayor exportación que hizo Gran Bretaña. ¿Por qué lo hicieron? Porque creían que estaban ayudando a salvar gente del infierno.

El siglo pasado vio el declive de la creencia en el infierno. No es que los misioneros descuidaran los cuerpos o las mentes de la gente cuando salían —construyeron sus escuelas y hospitales—, sino que su objetivo al ir era salvar almas. Sabían que, aunque se alimentara a un hombre todos los días de su vida en este mundo, no se le había ayudado de forma permanente hasta que se hubiera salvado su alma. Solo pido que equilibremos nuestra actividad como cristianos. El mundo dará a Christian Aid, el mundo dará para alimentar a los hambrientos, pero solo los cristianos buscan salvar almas. Somos los únicos que hacemos esto por un mundo perdido. Nuestro interés misionero estará directamente relacionado con nuestra creencia en las cosas que he estado escribiendo en este capítulo.

Si bien damos para ayudar a los que sufren en el cuerpo, y si bien damos para alimentar las mentes, si realmente creemos esto entonces el efecto en los cristianos es tener nuestras prioridades bien, y hacer de la evangelización nuestra principal actividad e interés misionero, el primer llamado a nuestra cartera. Es muy práctico; tiene los pies en la tierra.

6

PREGUNTAS ADICIONALES

Lea Marcos 12:13-34

Voy a comenzar este capítulo respondiendo a algunas preguntas que he recibido. La primera, es una que no puedo responder, ni nadie puede hacerlo. Es muy sencilla:

"¿Dónde está el infierno?"

Una vez escuché una respuesta a esa pregunta, que era la siguiente: el infierno es cualquier lugar fuera del cielo. Ahora bien, esa no es una mala definición y, si la piensa bien, tiene una profunda verdad porque, como dijimos en el capítulo anterior, estar en el infierno es estar fuera del cielo, estar fuera de Dios. Como dijo Jesús, "ustedes serán echados fuera". Es casi una imagen de alguien de pie en una calle fría y oscura mirando a través de una ventana iluminada y viendo a otros celebrando una fiesta dentro. Este es el tipo de imagen que obtengo de la enseñanza de nuestro Señor. Pero yo diría que en cualquier lugar fuera del cielo.

Si alguien quiere localizarlo en un mapa del universo, la respuesta es que no puedo hacerlo. No puedo localizar el cielo por la sencilla razón de que cuando alguien le dijo a Jesús: "¿Nos lo pondrías en un mapa? ¿Nos dirás dónde está el cielo para que podamos llegar a él?", la respuesta de Jesús fue: "No necesitan saberlo. Yo los llevaré". Del mismo modo, con el infierno diría que no hace falta saberlo, porque él enviará a los que van allí al lugar mismo. Pero no podemos localizarlo en el universo. Sabemos que los lugares están siendo preparados, tanto el cielo como el infierno, pero dónde están, no puedo responder.

"¿Significa algo el tiempo tal como lo conocemos para los que han muerto en el Señor?"

Desde un punto de vista, el tiempo es una cosa elástica en el sentido de que a veces el tiempo vuela y a veces se alarga. A veces, un sermón de veinte minutos parece una hora; a veces, un sermón de una hora puede parecer de veinte minutos, aunque eso es menos común. Depende del asiento en el que uno se siente, hasta cierto punto. Creo que el tiempo seguirá en la eternidad. Hay un texto en la Versión Autorizada inglesa del libro del Apocalipsis que ha confundido a mucha gente: "ya no habrá tiempo". Lo que se dice en ese texto es que Dios va a proceder inmediatamente con el siguiente paso. Él no esperará más para hacer la siguiente cosa.

No significa que no habrá tiempo en la eternidad y, de hecho, la idea bíblica de la eternidad es realmente un tiempo sin fin. Para ser conscientes, debemos estar en el tiempo, porque ser consciente es ser consciente de lo que está sucediendo ahora, de lo que sucedió entonces y de lo que va a suceder en un momento. Existe esta progresividad del tiempo. No podemos ser conscientes sin algún tipo de conciencia de los momentos que pasan. El tiempo nunca se mueve en dirección inversa. Siempre va del pasado al futuro, pasando por el presente. Dios es un Dios del tiempo. Más que decir que Dios está en el tiempo, yo diría que el tiempo está en Dios. Siempre se nos describe como un Dios del tiempo, del tiempo eterno. El Dios que fue, el Dios que es y el Dios que será. Siempre en ese orden, nunca al revés. Dicho esto, Dios experimenta el tiempo de manera muy diferente, no porque no exista, sino porque para él mil años son como un día y un día es como mil años. La Biblia nunca dice que el tiempo no signifique nada para él. Siempre dice que el tiempo es diferente para él, y supongo que, por tanto, cuando compartamos la gloria de Dios en el cielo, el tiempo será diferente para nosotros.

Ahora bien, sobre los que han muerto en el Señor, presumiblemente el que pregunta está pensando en los que han muerto y están esperando la resurrección. ¿Cuánto significa el tiempo para alguien? Bueno, le he dicho que creo que están conscientes con el Señor y que por lo tanto el tiempo tiene significado para todos, pero si significa lo mismo para ellos que para nosotros, lo pondría en duda. Yo pensaría que el intervalo entre la muerte y la resurrección para ellos pasará muy rápido, porque será tan maravilloso. Cuando estamos con alguien que amamos, el tiempo tiende a pasar más rápido que en otras circunstancias. Por lo tanto, estoy especulando, pero creo que el tiempo significa algo para ellos, pero que están con el Señor y por lo tanto el tiempo será muy rápido hasta que todos nos reunamos con ellos.

"¿Qué recompensas habrá en el cielo?"

Todo tipo de recompensas. Habrá recompensas visibles. Ciertas coronas serán llevadas por ciertas personas, ciertas muestras visibles de ciertas cosas especiales que han hecho por el Señor. Por ejemplo, se promete en las escrituras una corona de mártir. Aquellos que hayan muerto por la fe serán honrados por ello y serán reconocidos en el cielo. Esa será una recompensa por su muerte por el Señor. Habrá otras coronas, y podemos enumerarlas todas si las buscamos en las escrituras. Hay una corona, por ejemplo, para aquellos que han mantenido la fe hasta el final, contra todas las probabilidades, contra todas las dificultades. Parece que hay una corona para los que han respondido a la gracia de Dios y se han vuelto santos mientras están aquí.

Hay también, recompensas de responsabilidades y posiciones particulares. Esto no significa que no seamos igualmente salvados y llevados por la gracia al cielo, pero sí que habrá diferencias de responsabilidad. Aquellos que han sido fieles aquí se les dará una responsabilidad considerable allí. Al igual que en una empresa terrenal, si hacemos un buen trabajo en la pequeña oficina del fondo nos encontraremos con un ascenso. Este tipo de recompensa se ofrece a los que son fieles, especialmente a los que son fieles en trabajos que nadie ve aparte del Señor. Parece que hay una recompensa especial por las cosas que hemos hecho en la tierra en secreto para Dios. Jesús siempre decía: "Hazlo en secreto y tu padre que ve en lo secreto te recompensará abiertamente". Una de las verdaderas pruebas de nuestra vida cristiana es cuánto estamos dispuestos a trabajar duro en nuestra vida cristiana en secreto. Algo que es seguro es que tendremos muchas sorpresas en el cielo. Habrá algunas recompensas grandes para personas que apenas notamos en la tierra por las cosas que hicieron en secreto para Dios. Él recompensará abiertamente. Si la gente dice que las recompensas son inmorales, entonces está desmintiendo a nuestro Señor Jesús. Si las recompensas están mal, entonces Jesús se equivocó al ofrecerlas, pero encontrará una y otra vez que uno es bendecido cuando es perseguido. Está en la línea de los profetas y los mártires, y grande es su recompensa en el cielo. Él utilizó constantemente este incentivo, y los cristianos son los que aceptan el incentivo de las recompensas en el cielo, pero habrá muchas otras recompensas de las que yo no sé nada.

"Pensando en los niños talidomídicos que nacen sin extremidades, ¿la resurrección del cuerpo significará que su cuerpo celestial será el mismo?"

Jesús llevaba las marcas de su crucifixión en su cuerpo resucitado. El cuerpo del Señor Jesús después de su resurrección llevaba las huellas de los clavos; eso es perfectamente cierto. Estaban allí para ser reconocidas, pero también para ser honradas y, de hecho, espero que permanezcan allí por toda la eternidad. Esas marcas serán maravillosas para todos nosotros. Creo que estarán ahí cuando vuelva de nuevo y miremos al que fue traspasado.

Esas son marcas que ganó en el servicio de Dios. Pablo habla de llevar en su cuerpo las marcas del Señor Jesús: marcas, latigazos, cicatrices que obtuvo cuando fue apedreado y azotado por ser cristiano. Creo, y es mi propia opinión, que esas marcas que ganamos a través del servicio para el Señor permanecerán, sin dolor o impedimento o incomodidad, pero estarán allí como una marca de honor. De hecho, cuando se han ganado en el servicio del Señor, son cicatrices honorables. Creo que serían de la misma categoría que las huellas de los clavos, pero también creo, como indiqué cuando entrevisté a Matt, que nuestro cuerpo de resurrección será un cuerpo perfecto. Creo que las minusvalías físicas que hemos tenido aquí por causas ajenas a nosotros serán superadas en ese nuevo cuerpo. Todos podremos ver y oír perfectamente, y nuestras facultades serán completas, por lo que en lo que respecta a la pregunta sobre ese tipo de impedimento, creo que será diferente.

El versículo sobre el que se pregunta en 1 Corintios es el 15:29: "Si no hay resurrección, ¿qué sacan los que se bautizan por los muertos? Si en definitiva los muertos no resucitan, ¿por qué se bautizan por ellos?". ¿Qué significa esto? Creo que Pablo no se refiere aquí a una práctica cristiana, sino a una práctica pagana. Está presentando a los cristianos, como hizo nuestro Señor, a los paganos con sus prácticas como un ejemplo de mayor fe que la que tienen los cristianos. Está tratando de hacer entender a los cristianos que están mostrando menos fe en el futuro que los paganos que tienen esta práctica de bautizar a la gente en nombre de los muertos, por si acaso hubieran muerto sin ser bautizados. Es por eso que él se cuida y no dice "eso es lo que quieres decir cuando te bautizas por los muertos", o "eso no es lo que queremos decir". Dice: "Eso es lo que quieren decir", y en esos pocos versículos encontrará que está hablando del mundo pagano y sus actitudes hacia la muerte y sus actitudes hacia la resurrección. Está diciendo: "Ellos tienen alguna creencia en el futuro o no harían lo que están haciendo, y tú estás negando la resurrección de los muertos, así que deberías tener al menos tanta fe como los paganos".

"¿Qué pasa con los bebés y los niños pequeños cuando mueren?"

La respuesta es que no lo sé, y la Biblia no lo dice. Se han hecho todo tipo de especulaciones, y los cristianos han dado todo tipo de respuestas. Hay algunos que se han atrevido a decir que los niños pequeños van todos al infierno cuando mueren. Hay otros que han dicho que, siempre que se bauticen, no lo harán, sino que irán al *limbus infantum* (limbo). Otros han dicho que van al limbo los bebés no bautizados y que los bautizados van al cielo. Han surgido todo tipo de ideas. Algunos dicen que todos los bebés van al cielo porque aún no han pecado y por lo tanto son inocentes. Otros dicen que todos los bebés van al cielo, aunque el pecado haya nacido en ellos. La sangre de Cristo los cubre.

Todo esto es especulación y lo único que puedo decir es que estoy muy seguro de que sea lo que Dios haga con los bebés y niños pequeños que mueren, hará lo correcto. Conozco a Dios lo suficientemente bien como para confiar en que lo hará, y si un hijo mío muriera, le diría a Dios: "Por alguna razón que tú conoces, has permitido que esto ocurra. Me conformo con dejar a mi hijo en tus manos para que hagas lo que consideres correcto y sé que un día, cuando me entere de lo que has hecho, veré que era absolutamente correcto". Si cree en un Dios bueno, no puede creer en otra cosa, pero creo que es mejor descansar en eso que empezar a hacer afirmaciones especulativas que no están respaldadas por las escrituras, porque eso no sería finalmente el consuelo más profundo.

"Durante su conversación con el Sr. Matthews, me dio la impresión de que un cristiano no podía suicidarse. ¿Es posible?"

La respuesta es que es posible, y bajo una presión y provocación extremas cualquiera de nosotros es capaz de hacerlo. Tal vez muchos de nosotros hayamos comprobado de vez en cuando que hemos jugado con ese pensamiento en nuestra mente. Pero creo que un cristiano tiene aún más razones que cualquier otra persona para no hacer tal cosa, pues sería robarle a Dios, además de a sí mismo, algo que Dios dio para ser usado para su gloria. Un cristiano sabe que tal acto no es en absoluto una salida al problema y, de hecho, podría producir vergüenza y bochorno en la venida de Cristo. "¿Por qué me quitaste la vida que te di para que la usaras para mi gloria?". Un cristiano tiene muchas, muchas más razones para no contemplar tal cosa.

Además, un cristiano correctamente relacionado con una comunidad cristiana seguramente, mucho antes de llegar a ese punto, iría a compartir esa carga con algún otro cristiano y encontraría a alguien que lo ayudara a afrontar lo que le está causando tanta angustia. Es posible, pero creo que estadísticamente es mucho, mucho menos probable. De hecho, el Señor tiene su propia manera de darnos la gracia y el valor para enfrentarnos a lo que sea demasiado para nosotros. Pero no quisiera dejar la impresión de que es imposible, sino asegurar al que hizo la pregunta y a cualquier otro que el Señor es a quien hay que acudir mucho antes de llegar a esa etapa, y otros cristianos están ahí para ayudar. Los Samaritans, como sabe, se dedican a ayudar a las personas que sienten que no hay más respuesta a sus problemas que ésta.

"¿No habrá familias en el cielo?"

La respuesta es que solo habrá una. Los círculos familiares terrestres no serán círculos como tales en el cielo. Eso es lo que las palabras de nuestro Señor significaban para los saduceos. Preguntaron quién iba a ser el esposo. Dijeron que iba a ser un hogar divertido con siete maridos y una mujer y que habría discusiones interminables. Este era el tipo de cosas que decían. Estaban tratando de atraparlo, porque no creían que uno sobreviviría para ver el cielo, así que estaban tratando de hacer que el cielo sonara ridículo. La gente que no cree en la vida después de la muerte trata de hacerla parecer ridícula, pero de hecho Jesús dejó muy claro que las relaciones familiares terrenales se aplican solo a esta vida.

Alguien me preguntó recientemente: "¿Cómo podría ser feliz en el cielo con mi familia en el infierno?". La respuesta es que toda tu familia estará en el cielo, la única familia que tendrás entonces, y tus relaciones espirituales serán tus relaciones familiares allí. Mientras estamos aquí tenemos una profunda responsabilidad por nuestros familiares físicos, y puede que seamos la única persona que pueda ayudarlos. Debemos mantenernos en contacto con todos nuestros parientes físicos mientras estemos aquí, pero en el cielo solo habrá una familia. Mi esposa y yo seremos hermano y hermana en el cielo y hermano y hermana con todos los demás en el cielo; una familia, con un hermano mayor, Jesucristo, y un Padre. Esa será la relación. Encuentro incluso en la tierra que empiezo a pensar de esta manera y me encuentro más cerca, mucho más cerca, de mis parientes espirituales que de algunos de mis parientes físicos. ¿No encuentra lo mismo? Si eso se hace cada vez más profundo hasta que finalmente llega a la perfección, esa sería la familia en el cielo. Me molesta un poco cuando la gente dice que espera el cielo más porque se va a encontrar con un esposo o esposa o con un pariente que ha amado y perdido que porque se va a encontrar con Jesús. Creo que tenemos que crecer en gracia hasta el punto de ver que Jesús es a quien queremos conocer más que a nadie y los seres queridos que encontremos serán en él, hermanos y hermanas en él, una familia.

"Es obvio que los discípulos tenían una visión popular actual de la reencarnación, pues de lo contrario no podrían haber preguntado si un hombre podía nacer ciego a causa de su propio pecado. ¿Por qué no dio Jesús una negación categórica de esta idea como hizo con otras falsas doctrinas, por ejemplo, la negación de la resurrección por parte de los saduceos?"

No estoy seguro de a qué referencia se refiere aquí. Si se trata de la historia del ciego de nacimiento en el Evangelio de Juan, Jesús negó categóricamente su falsa suposición, pero no creo que su falsa idea en ese caso fuera la reencarnación.

Preguntaron si el hombre era ciego por su propio pecado, o por el de sus padres. La ceguera en el Medio Oriente es una enfermedad muy común. A menudo es causada por la falta de higiene, pero igualmente a menudo es causada por enfermedades que a menudo son el resultado del pecado de los padres. Esto ocurre en este país en menor medida.

Estaban haciendo una pregunta sobre los efectos del pecado en otra generación, pero no estaban preguntando sobre la reencarnación, y no he encontrado ninguna creencia que los discípulos tuvieran en la reencarnación. Ciertamente, era una idea popular entonces, y cuando Jesús dijo a los discípulos: "¿Quién dice la gente que soy yo?", ellos respondieron: "Algunos piensan que eres Elías que volvió, otros piensan que eres Juan el Bautista". Eso era la reencarnación, pero, por supuesto, la verdad real era la encarnación. Jesús negó categóricamente la suposición de que la ceguera de un hombre se debe siempre al pecado, y negó que esto fuera así y les enseñó a verlo desde un punto de vista muy diferente.

"¿Qué significa la 'muerte segunda' en Apocalipsis 20:14?"

Significa la muerte del alma así como del cuerpo. Ahora bien, entendamos que la muerte en las escrituras no significa desaparecer. No significa aniquilación. No significa extinción. Significa una condición en la que ya no se está en contacto con aquello que da vida. Cuando el cuerpo muere, la persona no ha dejado de ser, pero físicamente ahora está fuera de contacto con aquello que le dio la vida física. No solo respirar vida, sino la vida con todo su interés, con todas sus posibilidades. Cuando una persona muere, está fuera de contacto con aquello que le dio la vida terrenal. La segunda muerte es cuando una persona queda fuera de contacto con todo lo que le da la vida celestial. Es una experiencia angustiosa y terrible mucho peor que la primera muerte que las personas que rechazan el evangelio de Cristo tendrán que enfrentar. ¿Puedo plantear aquí un enigma que enlaza con la última pregunta? Si un hombre nace dos veces, solo morirá una vez; si solo nace una vez, morirá dos veces. Este es un resumen del evangelio.

"¿Qué harán las almas en el infierno?"

Eso no puedo contarlo en detalle; creo que se podría decir que sufrirán, pero está claro que el sufrimiento incluye el remordimiento mental y el recuerdo de las oportunidades que se han ido para siempre. Esa es la enseñanza de nuestro Señor. No creo que pueda decir mucho más que eso.

"Una vez dentro, ¿podrán las almas salir alguna vez?"

Mi propio entendimiento de la escritura es que no.

"¿Cuál es el propósito de Dios al mantener vivos a los que están en el infierno?"

El propósito es básicamente retribución. El propósito es básicamente justicia. El propósito es básicamente castigo.

Si rechazamos toda retribución y toda idea de que el castigo es incorrecto, entonces, por supuesto, nos quedamos con un verdadero problema. Ahora bien, sé que hay problemas con esa cuestión, y no pretendo que me resulte fácil responder, pero ese es sin duda el propósito. No se trata de reformar a las personas, porque ya no se pueden reformar. No se utiliza como elemento disuasorio porque para entonces ya habrá desaparecido la oportunidad de tomar una decisión. Así que, de los tres propósitos del castigo, que son la disuasión, la reforma y la retribución, dos deben ser eliminados de inmediato y nos queda el tercero, que puede ser el único.

"Los que creen en Cristo tienen vida eterna. Seguramente eso significa que los incrédulos no pueden tener vida eterna en el infierno, sino que perecerán"

La palabra "eterna" no solo significa cantidad sino también calidad. Significa ambas cosas. Significa no solo vida eterna sino también vida real y abundante. Por lo tanto, cuando creemos, hemos llegado a tener vida eterna ahora. Es cierto, ahora tenemos una vida que será eterna. Tenemos una relación con Dios que puede durar para siempre. Pero es una vida de una calidad particular, y esta palabra "eterna" indica la calidad de la vida. En la Biblia existe tal cosa como la muerte eterna, y como ya he dicho, la muerte es un estado, no tanto de dejar de ser como de estar arruinado. La palabra "perecer" significa exactamente lo mismo que cita el interrogador.

"'La fe sin obras está muerta'. 'La fe sin obras justifica'. Estas son citas de Santiago y Romanos. Romanos 7:25 dice: 'con la mente yo mismo sirvo a la ley de Dios; pero con la carne a la ley del pecado'. Si el infierno es un lugar de tormento eterno, ¿se salva uno de él simplemente por una aceptación mental de Cristo, simplemente por la fe; o se requieren obras?"

Me gustaría dedicar todo un sermón a esto. Es un tema muy importante. ¿Qué quiere decir Santiago con fe y qué quiere decir con obras? ¿Qué quiere decir Pablo? Quieren decir dos cosas diferentes por obras, y hasta que no veamos esto nos perderemos todo el punto.

Santiago no está diciendo: "La fe sin buenas obras está

muerta". Está diciendo: "La fe sin acciones está muerta". Eso es una cosa muy diferente. Lo que él quiere decir con fe y obras es una fe que actúa sobre lo que cree. Da dos ejemplos: Abraham ofreciendo a Isaac, que ciertamente no fue una buena acción para alguien más, y Rajab la ramera recibiendo a los espías en Jericó. Lo que Santiago está diciendo es esto: "Si la fe es solo una aceptación mental y nunca actúas sobre ella, no es fe".

Mis hijos solían jugar conmigo a un pequeño juego. Subían tres o cuatro peldaños de la escalera y decían: "Papá, juega a la fe". Yo iba y me ponía al final de la escalera y me llevaba las manos a la espalda y ellos saltaban para ver si los agarraba. Un juego bastante cruel, ¿no? De hecho, por supuesto, siempre las manos saltaban y los atrapaba, pero la cuestión es que tenían que saltar antes de que salieran mis manos. Esto es fe. Una vez se celebró una reunión de oración por la lluvia y una niña fue a la reunión de oración con un paraguas. Eso era fe. La fe que no actúa está muerta.

En otras palabras, la fe es algo que hacemos con nuestra voluntad. Implica comprender con la mente. Puede implicar sentimientos del corazón, pero esencialmente es algo que hacemos. Estamos apostando nuestro futuro a Dios. Nos lanzamos a él. Decimos: "Dios, estoy poniendo mi vida en tus manos. Es un riesgo, pero lo hago creyendo que tú me atraparás y me salvarás". Esa es la verdadera fe, y Santiago dice: "La fe sin ese tipo de acción es inútil", porque los demonios creen mentalmente que Dios existe, pero no actúan en consecuencia.

Cuando Pablo habla de la fe sin obras está hablando de las obras de la ley, de las buenas acciones, de guardar los Diez Mandamientos. Está hablando de algo muy diferente. Está diciendo que es la fe sola, no el tratar de hacer el bien, lo que te salva. Él habría estado de acuerdo con Santiago en que la fe debe ser activa, y también diría que, si la fe es real, se traducirá en amor y buenas acciones, pero nos está protegiendo muy cuidadosamente contra el malentendido más común de que si hacemos buenas acciones llegaremos al cielo. Es muy importante que tengamos en claro esto. "La fe sin acciones está muerta". Si es fe con acciones, tarde o temprano se traducirá también en buenas acciones, pero no son las buenas acciones las que salvan. No son las obras de la ley las que salvan.

"1 Timoteo 1:20, 'entregado a Satanás, para que aprendan a no blasfemar', ¿tiene esto algo que ver con el infierno?"

No, es creer que Satanás tiene el poder de traer enfermedad y muerte a una persona que es entregada a su poder. Creo que ese es otro tema, pero no tiene nada que ver con el infierno.

"¿No hay relación entre Lucas 12:5, 'teman al que, después de dar muerte, tiene poder para echarlos al infierno' y Hebreos 2:14, 'para anular, mediante la muerte, al que tiene el dominio de la muerte —es decir, al diablo—'"

Creo que el que pregunta se refiere a si me equivoqué al decir que el que destruye el cuerpo y el alma en el infierno no es el diablo.

No, no creo que me haya equivocado en esto. Creo que Lucas 12 se refiere a Dios, porque entre los que son destruidos en el infierno está el diablo. No es como si el infierno fuera algo que el diablo controla y él se ocupa de la gente. Es algo que Dios controla. La escritura nunca dice, "Hay alguien puesto en el infierno del diablo" sino más bien "Hay alguien puesto en el infierno con el diablo". El diablo es solo uno entre otros. Él no está a cargo del lugar. Él no castiga. Él está entre los castigados, y creo que es muy importante mantener esta distinción. Hebreos 2 habla de que Jesús destruyó al que tenía el poder de la muerte, el diablo, y, por supuesto, ha destruido su poder y ya puede liberar a la gente de la esclavitud del miedo a la muerte porque la gente sabe que la muerte la lleva a Cristo, no al diablo. Por lo tanto, en cierto sentido, cuando la muerte llega es una ayuda y no un obstáculo para mi peregrinaje espiritual. Ya no es un enemigo.

"¿Cómo eran los cuerpos resucitados de Lázaro y de la hija de Jairo; como Jesús o no?"

La respuesta es no como Jesús. Eran cuerpos que siguieron envejeciendo que finalmente murieron de nuevo y volvieron a la tumba. De hecho, sus cuerpos eran lo que yo llamaría "cuerpos resucitados", el tipo de resucitación que se hace ahora en la mesa de operaciones cuando se devuelve a alguien a la vida después de que su corazón se ha detenido por un corto tiempo. Son devueltos a este viejo cuerpo que entonces está sujeto a la enfermedad de nuevo, al cansancio, a la fatiga, a la vejez y a la muerte. Sin embargo, el cuerpo de nuestro Señor no era ese tipo de cuerpo. Él fue el primero en tener el nuevo cuerpo de resurrección, que es inmortal, pero sus cuerpos deben haber sido diferentes en ese grado.

"Cuando uno muere, ¿es juzgado inmediatamente?"

No. Debe esperar, como todos los demás, hasta el gran Día del Juicio.

"Si alguien que fue cristiano muere sin fe, ¿qué sucede?"

Alguien que fue cristiano alguna vez muere sin fe. Aquí hay un problema. La evidencia del Nuevo Testamento sobre la pregunta: "¿Se puede dejar de ser cristiano habiéndolo sido alguna vez?" está en un noventa y cinco por ciento a favor de la respuesta: "No". Una vez que has sido salvado, eres salvo para siempre.

Digo noventa y cinco por ciento, porque hay algunos pasajes, especialmente en Hebreos 6 y Hebreos 10, y uno o dos lugares más, que parecen implicar la posibilidad de lo que se llama el pecado de apostasía, de haber aceptado a Cristo una vez y luego negar completamente que Cristo es el Hijo de Dios o el Salvador o que su sangre puede limpiar el pecado, negar totalmente todo el evangelio. Hay pasajes que parecen decir que si se llega al punto de negar absolutamente a Cristo y decir que no es el Hijo de Dios ni el Salvador y que no salva a nadie del infierno, existe la posibilidad de que esto sea un pecado de muerte, como lo llama el apóstol Juan. Digo que es alrededor del cinco por ciento, y predicaría el noventa y cinco por ciento el noventa y cinco por ciento del tiempo. Tendería a tomar esa posición, pero hay una gran diferencia entre esto y un cristiano que se aleja y aparentemente pierde su fe y cae en el pecado, que todavía cree que Cristo es el Salvador y murió por él, pero ya no siente que pertenece a él. Eso es una cosa completamente diferente. Eso es apartarse. Eso le sucede a muchos, y maravillosa es su gracia, él tiene su manera de atraer a tales personas de vuelta, a veces mucho antes de que mueran. Eso es algo muy diferente. Un apartado no es alguien que comete apostasía, pero la apostasía es negar la verdad del evangelio de tal manera que, de hecho, uno está virtualmente crucificando al Hijo de Dios de nuevo y cerrándose a la única verdad que puede salvarlo. Una cosa es apartarse de la verdad mientras se sabe que es verdad, pero otra es negar completamente la verdad del evangelio, y yo diría que hay muchos cristianos que mueren en un estado en el que se han alejado de Cristo.

La respuesta es que irán a estar con Cristo. Les avergonzará cuando se encuentren con él que se hayan alejado de él, pero estarán con él. Él no nos deja ir tan fácilmente. Creo que es una advertencia para todos nosotros que, de los doce apóstoles, uno era Judas que se fue a su propio lugar. Pero Jesús dijo: "Yo los he guardado", y es él quien nos guarda, no nosotros a él. Dice: "Nadie los arrebatará de mi mano". Ahí es donde está el énfasis.

"¿Tuvo realmente la gente del tiempo de Noé una segunda oportunidad cuando Jesús les predicó en el hades?"

No lo sé. Él les predicó, y supongo que no habría perdido su tiempo predicándoles si no hubiera un posible resultado de esto. Por lo tanto, solo voy a especular. Creo que sí, pero son las únicas personas en las escrituras de las que se dice que han tenido esta oportunidad.

"Nos alegraremos de estar un día con otros seres queridos en el cielo. ¿Se atenuará o estropeará esta alegría si tal vez un ser querido no está allí?"

Ya he respondido a eso. Todos sus seres queridos estarán allí.

"Si tenemos un cuerpo en la próxima vida, ¿veremos a Dios, siendo él un espíritu, o solo a Jesús?"

Mi respuesta sería que hay suficientes textos en la Biblia que nos dicen que vamos a ver a Dios. "Bienaventurados los puros de corazón, porque ellos verán a Dios". Se nos dice que busquemos esa santidad sin la cual nadie verá al Señor, y una y otra vez tenemos esta promesa de que un día conoceremos a Dios tan bien como él nos conoce a nosotros.

Un día ya no veremos a través de un espejo tenuemente, sino cara a cara. Los espejos en los que veo a Dios en este momento son estos. Veo a Dios en el espejo de la naturaleza, pero es solo un tenue reflejo de su poder y deidad. Veo a Dios en la Biblia, pero también es solo un tenue reflejo, aunque más claro que en el caso de la naturaleza. Veo a Dios en los rostros de los santos, pero una vez más es un reflejo como en un espejo, oscuramente. Pero un día nos alejaremos de los espejos y miraremos cara a cara, y lo veremos. Nadie ha visto a Dios todavía. "Ningún hombre ha visto a Dios jamás", dice la Biblia, pero Jesús lo ha visto y ha prometido que nosotros lo veremos. No sé cómo los cuerpos pueden ver un espíritu, pero creo que Dios también puede lograrlo.

"Si Jesús bajó al infierno después de morir, ¿no significa esto que debe haber todavía esperanza para los que están allí? Muchas personas creyeron en él pero no le han pedido perdón con todas las letras las ni se han entregado a él. Tal vez todavía haya esperanza para ellos"

Aquí hay dos preguntas. Respecto a la primera, no creo que Jesús bajó al infierno después de morir. Creo que fue al hades, que es una cosa diferente, o un lugar diferente, una condición diferente. La palabra hades se refiere al mundo de los espíritus difuntos, así que no dije que Jesús bajó al infierno. Sé que la versión inglesa moderna del Credo de los Apóstoles dice eso, pero la versión original nunca dijo eso. Es "descendió al hades". Hay esperanza, deduzco, de 1 Pedro 3 para los que se ahogaron en los días de Noé, pero no hay otro texto en la Biblia que diga que hay esperanza para nadie más. Por lo tanto, no me atrevo a ofrecerla.

Ahora bien, dice que muchas personas han creído en él, pero no han pedido perdón con todas las palabras.

Creer en él no es solo creer que existe, o creer que hay una persona llamada Jesús, es creer en él como nuestro Salvador. Tanto si usamos las palabras correctas como si no, él entiende si hemos creído en él como Salvador, y cualquier otro tipo de creencia en él no es realmente creencia. El diablo cree en Jesús en el sentido de que el diablo sabe que hay una persona llamada Jesús y que murió por los pecados del mundo y resucitó. Satanás lo sabe, pero eso no es lo que entiendo por creer. Si no hemos utilizado las palabras correctas, pero sin embargo hemos acudido a él como nuestro Salvador, estoy seguro de que no necesitamos una segunda oportunidad, porque somos salvos.

"Si esto es así, ¿no indica una segunda oportunidad para aquellos que hacen que alguien sea bautizado en su nombre?"

Al referirse a los que se bautizan por los muertos, Pablo está aludiendo a una práctica pagana, no cristiana, y está utilizando un argumento contra los cristianos al referirse a una práctica pagana. Está diciendo que ellos creen en la vida después de la muerte, porque si no no se bautizarían por los muertos. Ustedes como cristianos deberían creerlo aún más, pero no lo hacen. No está defendiendo el bautismo por los muertos, así que la segunda parte de la pregunta se responde también con eso.

Me interesa que algunos feligreses crean que debe haber segundas oportunidades. La Biblia no lo dice, y considera esta vida como una oportunidad adecuada para responder a la luz. Creo que tendremos que tener cuidado si nos encontramos pensando de esta manera.

"Si el universalismo va en contra del libre albedrío, ¿no lo hace también la doctrina del pecado original, ya que implica que todas las voluntades nacen esclavizadas por el pecado y, por tanto, no son realmente libres?"

A eso no puedo responder en un minuto. Es toda la cuestión de la predestinación y el libre albedrío, y todavía no he conocido al hombre que pueda tratar eso rápidamente.

Permítame decir que para mí la Biblia enseña tanto la soberanía divina, o predestinación si se quiere, como la responsabilidad humana, o el libre albedrío si se quiere. Ambas se enseñan, y por lo tanto creo en ambas. Creo que existe la soberanía divina. Creo que existe la responsabilidad humana. Creo que los que creen en una u otra cosa querrían reescribir la Biblia si pudieran. Yo creo en ambas cosas. Me resulta difícil alinearlas lógicamente, pero estoy dispuesto a creer que mi mente no es lo suficientemente grande como para hacerlo. Mientras crea ambas cosas y las predique, eso es lo que me preocupa.

Ahora bien, el pecado original no es exactamente lo mismo que la soberanía divina. El pecado original es la creencia que la Biblia enseña de manera muy simple, y es que no nacemos moralmente neutros y luego nos volvemos malos o buenos. "Cuando nacemos, nacemos con una naturaleza mala". La Biblia es muy clara al decir que nacemos así. Es más fácil bajar que subir. Aprendemos la palabra "no" antes de aprender la palabra "sí". Si ha tenido hijos sabrá la verdad de esto. Uno no cree realmente en el pecado original hasta que ha tenido hijos, y entonces lo ve. Realmente aparece, y decimos: "¿De dónde sacaron esa naturaleza? Debe ser de tu lado, querida". Pero sale, y nacen con ella.

La pregunta es esta: "Si nací así, ¿cómo puedo ser responsable?". No sé cómo, pero sé que lo soy. La Biblia vuelve a enseñar que nacemos así y la Biblia también enseña que Dios nos hace responsables de lo que hacemos. De nuevo, no puedo alinearlo lógicamente, pero sé que es cierto. Un hombre de la RAF me dijo: "Padre, si hubiera nacido en la familia en la que yo nací y se hubiera criado como yo me crie, estaría haciendo las mismas cosas que yo". Le dije: "Tal vez sea cierto, pero aun así me avergonzaría de ello, como aparentemente lo haces tú", y así fue. Uno no se avergüenza de algo cuando no es su responsabilidad. De alguna manera, mantengo estas dos cosas juntas.

"¿Seremos felices en el cielo sabiendo que nuestros seres queridos están en el infierno?"

Lo traté cuando dije que en el cielo todos nuestros seres queridos serán el pueblo de Dios, y todos estarán allí.

"¿Considera usted que un inconverso que busca a Cristo sacará a relucir la cuestión del infierno?"

Algunos lo hacen, pero muy pocos; he conocido a uno o dos que lo hicieron. Lo curioso es que son las personas que han escuchado las que parecen más preocupadas por las que no lo han hecho y son las personas que son creyentes en el cielo las que tienen más preguntas sobre el infierno. Es curioso, pero un hombre que realmente está arruinando su vida, no parece encontrar ninguna dificultad en la creencia en el infierno. Un hombre que sabe que está haciendo el mal tampoco parece tener mucha dificultad en ello, así que solo puedo responder diciendo que ocasionalmente, no muy a menudo. La mayoría de las preguntas parecen venir de los cristianos.

"¿Alguna vez saca el tema en una conversación con una persona así?"

Eso dependerá de lo que le transmita la palabra infierno. Me gustaría saber qué imagen tendrá si utilizo la palabra. Ciertamente, querría plantear a esa persona que Dios ha dicho que se cosecha lo que se siembra, y que hay un día de retribución, de ajuste de cuentas, de arreglar cuentas. Me gustaría sacar a relucir esa idea en lugar de la palabra infierno, si eso traería una imagen falsa a su mente.

"¿Es correcto que al morir todos los espíritus van al hades, que está dividido en el paraíso para los cristianos y la cárcel para los incrédulos? Si es así, entonces la separación, las ovejas de las cabras como de las cabras, se produce en la muerte y no en el Juicio".

No, porque la separación de las ovejas y las cabras es anterior a los destinos finales del cielo y el infierno si se lee la parábola con atención. Estoy de acuerdo en que ya hay un grado de separación, pero el paraíso no es el pleno reino eterno que se promete a los cristianos y tampoco el infierno carcelario. Por un lado, el diablo y sus ángeles no están en el hades. Estarán en el infierno, y hay una serie de diferencias entre la segunda y la tercera etapa de la vida después de la muerte. Hay un grado de separación, pero no es la separación definitiva entre las ovejas y las cabras.

"Si Cristo pasó por el infierno por nosotros y Dios no puede contemplar el pecado y el infierno, entonces ¿cómo pudo Dios sacar a Cristo del infierno?"

Hay varios "si" en eso, y tendré que tratar con ellos primero. Él pasó por el infierno, pero lo que quiero decir no es que pasó por el lugar, sino que pasó por la experiencia. Él fue el único hombre que pasó por el infierno en esta vida. Cuando estaba en la cruz con Dios lejos de él, estaba pasando por el infierno por nosotros. Yo creo esto. No fue después de su muerte que pasó por el infierno, sino antes de su muerte, en la oscuridad y el abandono de Dios. Dios Padre sacó a Cristo del hades, no del infierno. Murió, fue al hades y resucitó de allí al tercer día.

"¿Existe algún consuelo para el cristiano que está relativamente seguro de que otros miembros de su familia, aquellos a los que ama, irán o han ido al infierno?"

Esta es una pregunta muy real y muy profunda. El primer consuelo es que Dios siempre hará lo que es absolutamente correcto y justo por nuestros seres queridos. El segundo consuelo es que hay siempre existe la posibilidad de que ellos sí creyeran en Dios, pero que usted no lo supiera. Creo que esto ha sucedido en varias ocasiones, y puede que nos encontremos con algunas sorpresas en el cielo como resultado de esto. Yo diría que esta pregunta, que es muy sincera, hace más importante que nos preocupemos por nuestra familia antes de que mueran, en vez de preocuparnos por ella después. Ahora tenemos oportunidades que debemos aprovechar sin obligar a nadie a hacerlo o sin ofenderlo presionando demasiado. Deberíamos tener esta preocupación.

"¿Lo más terrible del infierno es el temor de que el pecador anhele a Dios y nunca pueda alcanzarlo, en lugar del lago de fuego, que puede ser un lenguaje figurado?"

No sé qué será lo más terrible del infierno. Sé que será terrible. Creo que no es probable que esté el anhelo de Dios allí porque, francamente, si una persona anhela a Dios creo que eso habría comenzado durante su vida. Una de las cosas que hace el pecado es reducir el anhelo de Dios hasta que no existe en absoluto. Prefiero pensar que el infierno es que no hay anhelo de Dios y no hay sentido de Dios. Puede que haya un anhelo por el cielo, que es una cosa bastante diferente.

Hace poco, cuando hablaba del cielo y del infierno, un hombre me dijo: "Háblame del cielo", y voy a hablar del cielo dentro de un momento. Cuando se lo conté, me dijo: "Sabes, para mí eso sería el infierno. Realmente lo sería. No puedo imaginar nada peor que cantar himnos para siempre con un montón de cristianos". Dijo que sería un infierno. Francamente, creo que deberíamos darnos cuenta de que el pecado quita el apetito por el cielo y que quizás una de las cosas más terribles del infierno será que la gente no querrá el cielo. No lo sé. Estoy especulando, pero no sé qué es lo peor.

"'Para que ante el nombre de Jesús se doble toda rodilla', Filipenses 2:10. ¿Significa esto que después del Día del Juicio incluso los malvados se someterán y reconocerán a Cristo como Señor?"

La respuesta es que no significa eso. Significa que cuando todos lo vean lo reconocerán como Señor, pero notarán que no dice que todos dirán que es el Salvador. Incluso el diablo y los demonios reconocerán que es el Señor, lo que significa que es el Rey, que es el Jefe, que es el Amo, pero lo que está esperando es que alguien lo llame Salvador. Llamarlo Señor es una cosa diferente.

"¿Serán llevados al cielo los que ahora no tienen una mente sana, y tendrán mentes perfectas?"

La respuesta es que no lo sé. Debo dejar a esas personas en

manos de Dios y, de nuevo, estoy seguro de que conozco a Dios lo suficientemente bien como para confiar en que hará lo mejor en este caso. A medida que envejecemos, muchos de nosotros descubrimos que nuestra mente puede volverse más débil, y muchos grandes santos han terminado sus vidas sin el control de sus facultades mentales. Estoy seguro de que tendrán mentes perfectas en la gloria porque, de hecho, la razón de la decadencia de su pensamiento es puramente física. Es parte del proceso de decadencia del cuerpo. La senilidad es algo que pertenece a este mundo. No tiene nada que ver con el otro, y es muy posible que otras enfermedades mentales tengan una cura similar en el otro mundo.

"Me quedé con la impresión de que la historia del mendigo Lázaro era una ilustración exacta de la vida inmediatamente después de la muerte, donde no tendrían cuerpo. Sin embargo, se mencionan específicamente los ojos, los dedos y la lengua. ¿Podría aclararlo?"

Puedo responder a esta pregunta rápidamente. No. Pero quiero decir que, claramente, la vida después de la muerte es consciente y la única forma en la que podemos imaginarnos ser conscientes es teniendo facultades. Por lo tanto, la Biblia utiliza el lenguaje de las facultades para transmitir la idea de que seremos conscientes. Hablamos de los ojos de Dios, las manos de Dios, los pies de Dios. ¿Significa eso que literalmente pensamos que tiene ojos, que tiene pies, que tiene manos? No, es la única manera en que podemos pensar en una existencia personal consciente. Creo que eso es lo que se menciona aquí.

"Entendí que usted infiere que, en este estado, Satanás sería incapaz de tentar a la gente porque solo podría tentarnos a través de nuestros cuerpos y sus actividades. ¿Cómo encaja esto con cosas como la crueldad mental, la ira, el engaño, la amargura, etc.?"

No se menciona a Satanás en el hades en ninguna parte de la Biblia. Se lo menciona en el infierno al final. Hasta el final, por lo que entiendo en mi Biblia, Satanás está en el cielo, no en el infierno y no deja el cielo hasta el final. Para hacer contacto con Satanás, sería necesario pasar a los reinos celestiales. De hecho, tan pronto como nos sentamos en los lugares celestiales con Cristo por la fe, estamos luchando con principados y potencias. Esta es, creo, la razón por la que Satanás no tienta a las personas o no puede tocarlas en el hades, sino que son lo que han llegado a ser en ese estado, así que, de nuevo, no creo que pueda decir más que eso.

Piense en las respuestas que he dado a estas preguntas y, si no las encuentra en la Biblia, deséchelas, porque mi opinión no vale ni un céntimo. Pero, en la medida en que algunas de esas preguntas han sido preguntas para las que no conozco ninguna respuesta directa en la Biblia, solo puedo compartir con usted la forma en que he pensado en ellas. Por favor, no lo tome como una verdad autorizada.

Ahora voy a hablarle del cielo.

Lea Juan 14:1-6

He oído a mucha gente objetar las creencias cristianas sobre el infierno, pero no he conocido a muchos que objetaran las creencias sobre el cielo. Creo que hay una razón obvia para ello, pero algunas personas han criticado y atacado nuestros puntos de vista sobre el cielo. Por un lado, hay quienes dicen que todo es una ilusión, un cuento de hadas. Va junto con las hadas en el fondo del jardín, y todas esas palabras sobre puertas de perlas y calles doradas y arpas es absurda. De hecho, ha habido un montón de chistes sobre el cielo, que han revelado la ligereza con la que la gente se ha tomado la creencia cristiana en el cielo. La mayoría de ellos están relacionados con las puertas del cielo. No sé si es una defensa contra la probabilidad de que esas puertas se cierren contra ellos, pero tenemos esta serie constante de chistes sobre gente que llega a las puertas del cielo. Seguro que ha oído alguno.

Los saduceos trataban el cielo como una broma. Vinieron a Jesús y le dijeron que no podían creer en un cielo. Jesús dijo que había tres razones por las que les resultaba difícil. La primera era que constantemente trataban de imaginar el cielo en términos terrenales. Ese era el primer punto en el que se equivocaban. El cielo es tan diferente de la tierra que no se puede pensar allí como aquí. En segundo lugar, les dijo que se habían equivocado al olvidar el poder de Dios. Ahora bien, si recordamos el poder de Dios para hacer este mundo y la maravilla de esta vida, ¿cuánto más podría hacer un cielo? Si pensamos que el cielo no podría ser cierto, hemos olvidado el poder de Dios. Jesús dijo a los saduceos que estaban juzgando lo celestial por lo terrenal, el error número uno. Estaban olvidando el poder de Dios, error número dos. Y el error número tres era que no conocían las escrituras.

Estoy de acuerdo en que es muy difícil imaginar cómo es otro mundo. Cuando evacuaron Tristán da Cunha después de la erupción volcánica de allí, llevaron el avión cargado de habitantes de la isla a Londres. Nunca habían visto un tren de metro. Nunca habían visto un rascacielos o una casa de más de una planta, y los pusieron en medio de Londres. En las fotografías en las que aparecen paseando, sus ojos eran tan grandes como sus caras. No tenían ni idea de que la gente pudiera vivir en un lugar así y meterse en agujeros como conejos y recorrer túneles y volver a salir y mirar hacia arriba a los rascacielos. Simplemente no podían creerlo, igual que la gente que usa el metro y vive en los rascacielos no puede pensar en el cielo, pero eso no significa que no sea real. Solo significa que es difícil de imaginar.

Hay quienes han ido más allá y han dicho que el cielo no solo es un engaño, sino una droga. El primer hombre que dijo esto se llamaba Charles Kingsley que escribió un libro, *Tom and the Water Babies*. Charles Kingsley dijo: "La religión es el opiáceo del pueblo". Lo que continuó diciendo fue que si uno se preocupa demasiado por el cielo no sirve para nada en la tierra, y que si solo vive en las nubes todo el tiempo, puede volverse indiferente a los males de los niños que trabajan en las fábricas y otras cosas contra las que Charles Kingsley luchó: los niños de pantomimas y los niños deshollinadores. Hay un elemento de verdad en eso, pero Charles Kingsley era un clérigo anglicano y no estaba diciendo: "Olvídate del cielo por completo". Solo decía: "No vivas tanto allá arriba que no sirvas aquí abajo".

Fue Karl Marx quien retomó aquel dicho de Charles Kingsley, el clérigo anglicano, y dijo: "La religión es el opio del pueblo. Olvida el cielo por completo y entonces podrás hacer el mayor bien aquí abajo". Desafío a Karl Marx en esto. Las personas que a menudo han hecho más por sus semejantes aquí abajo son las que han creído más intensamente en el cielo. ¿Sabe que Lord Shaftesbury, que tanto hizo por la reforma social en este país, tenía impreso en cada hoja de papel de notas este texto en la parte superior: "Aun así, ven, Señor Jesús"? Era un hombre cuyos pensamientos estaban en el cielo, pero era muy útil en la tierra.

La cosa es conseguir un equilibrio, pero yo diría que la iglesia de hoy ha caído en esto y ya no cantamos sobre el cielo como antes. A veces tengo un trabajo de elegir himnos sobre el cielo y tengo que elegir un himno para niños como este: "Hay un hogar para niñitos sobre el brillante cielo azul". No hay nada malo en cantar un himno infantil a veces, salvo que uno se convierta en un niño pequeño, pero apenas encuentro himnos decentes sobre el cielo en los himnarios. Hemos dejado de hablar de ello. Hubo un día en que la gente solía cantar: "Una tienda o una cabaña, ¿qué me importa? Están construyendo una mansión para mí allí". Ahora ya no cantamos así. Hemos caído en la burla del mundo de que es "pastel en el cielo cuando estás muerto", que siempre digo que es mejor que "dolor en el hueco cuando estás tieso". Se han burlado tanto del cielo y nos han dicho tanto "No vale la pena pensar en el cielo", que nos hemos obsesionado con este mundo. En lugar de un evangelio que nos salva para el próximo, hemos hablado de un programa político y social que nos salva en este.

Ahora bien, estas dos cosas deben ir juntas, pero la prioridad debe ser siempre el mundo eterno, por lo que voy a hablarles sin ninguna vergüenza del cielo. ¿Cómo sabemos del cielo? La respuesta es que tenemos tres testigos de primera mano que han estado allí y que nos han contado cómo es. Alguien me dijo una vez: "Yo creería en el cielo si alguien hubiera estado allí y volviera y nos lo contara". Bueno, hay tres personas que lo han hecho y podemos basarnos en lo que dicen, y es suficiente. De hecho, todo lo que sé sobre el cielo viene de estas tres personas.

El primer hombre que llamo como testigo que fue al cielo es un hombre llamado Pablo. Usted leerá el relato de su viaje en 2 Corintios 12. Pablo dice que conoce a un hombre que visitó el cielo, "(no sé si en el cuerpo o fuera del cuerpo; Dios lo sabe). Y sé que este hombre (no sé si en el cuerpo o aparte del cuerpo; Dios lo sabe) fue llevado al paraíso y escuchó cosas indecibles que a los humanos no se nos permite expresar". Usted leyó la historia. Pablo había estado allí. Aquí está el segundo testigo, un hombre llamado Juan. Un hombre llamado Juan estaba en una celda de la cárcel en la pequeña isla de Patmos. Un domingo por la mañana, mientras pensaba en el Señor, el Espíritu lo sacó de su cuerpo y lo llevó al cielo. Vio una puerta, y la puerta se abrió y vio directamente al cielo. El escribió mucho de lo que vio. Lo tenemos en el último libro de la Biblia.

Mi principal testigo es, por supuesto, el propio Jesús, porque Juan y Pablo visitaron el cielo después de Jesús. Jesús estuvo allí primero. ¿Conoce Juan 3:16? ¿Sabes lo que dijo Jesús justo tres versículos antes? Dijo: "Nadie ha subido jamás al cielo sino el que descendió del cielo, el Hijo del hombre". En otras palabras, "Vine de allí. No siempre estuve aquí abajo. Vine del cielo". Y luego en el versículo 12, el versículo anterior a ese en Juan 3, dice esto: "Si les he hablado de las cosas terrenales, y no creen, ¿entonces cómo van a creer si les hablo de las celestiales?".

Por lo tanto, yo diría que, si estoy preparado para creer lo que Jesús dice sobre esta vida, entonces seguramente debo estar preparado para creer lo que dice sobre la siguiente, pero si no estoy preparado para creer el uno, tendré problemas con el otro.

¿Qué dicen estos tres sobre el cielo? En este punto tenemos que utilizar el lenguaje de las imágenes porque estamos tratando con realidades más allá de la comprensión de nuestra experiencia. Si el lenguaje es una metáfora en imagen, eso no me preocupa. Sigue siendo una realidad. Voy a intentar responder a tres preguntas:

¿Dónde está?

¿Cómo es?

¿Quiénes estarán allí?

En primer lugar, ¿dónde está? No puedo situarlo en un mapa. Recuerdo haber oído a finales de los años sesenta que entonces podríamos ir a 82 millones de años luz en el espacio con nuestros radiotelescopios; 82 millones de años luz. No lo entiendo. No sé lo lejos que está eso. Mi mente no puede entenderlo. Una computadora podría, pero yo no puedo. Y la gente ha dicho: "Y todavía no hay rastro del cielo". La gente dice: "¿En qué parte del universo está?". Nosotros decimos: "Padre nuestro, que estás en el cielo", y solemos mirar hacia arriba cuando lo decimos. ¿Dónde está? A 82 millones de años luz, por lo menos.

Tengo la sensación de que deberíamos pensar en una dimensión totalmente diferente, que el cielo está mucho más cerca que eso, que el cielo está alrededor de la Tierra en una dimensión diferente e invisible para nosotros. Si la Tierra está en el cielo, por así decirlo, si la Tierra está rodeada por el cielo, entonces es cierto que en cualquier lugar del universo en el que nos encontremos, si miramos hacia arriba en el mundo, miramos hacia el cielo. Es cierto que en él vivimos y nos movemos y tenemos nuestro ser, y pienso en el cielo espacialmente ahora como en todas partes alrededor de la Tierra en una dimensión espiritual, no disponible para nuestros telescopios o radios, pero disponible para aquellos con ojos para ver. "Señor", dijo Elías, "abre los ojos del joven", y de repente, justo encima de él, había carros, carros de Dios. El cielo estaba tan cerca como eso. Cuando Yuri Gagarin subió al espacio y volvió diciendo que no había visto a Dios y que no había visto el cielo y que no había visto ángeles, lo que pensaba que era una gran broma, solo quería gritar: "Gagarin, Dios te vio y los ángeles te vieron, pero simplemente no te movías en el cielo. Simplemente no estás en sintonía con esto. Simplemente no puedes verlo. En realidad, cada arbusto está ardiendo con Dios para aquellos que tienen ojos para ver, y para otros él está a un millón de millas de distancia".

¿Dónde está entonces? No lo sé. No necesito saberlo. Tomás preguntó dónde está, pero Jesús le dijo que no necesitaba saberlo porque él lo llevaría. Eso es lo que significa la frase "Yo soy el camino" en el coloquialismo oriental. Si uno le dice a alguien: "Yo soy el camino", lo que quieres decir es: "No te diré cómo llegar. Iré contigo y te llevaré allí, por el camino más rápido". Pero permítame recordarle que el cielo, tal y como estamos hablando de él ahora, es el futuro lejano del cristiano, el destino final del creyente. El cielo incluirá una nueva tierra.

Para mí, una de las glorias del cielo será que incluirá la tierra. Presumiblemente, tal y como yo lo veo, incluirá viajes espaciales gratuitos para los cristianos sin todo el costoso negocio de los cohetes: todo el universo disponible para los seres humanos, libremente. Esto es lo que espero. Fantástico, tal vez, pero no deja de ser cierto. Mi bisabuelo habría dicho: "Es absolutamente fantástico que creas que tres hombres pueden ir a dormir alrededor de la luna". Él habría pensado que yo era un lunático, literalmente, pero ahora es verdad. Que una cosa sea fantástica no significa que no sea cierta. Creo que habrá un universo completamente nuevo, un nuevo cielo y una nueva tierra, todo, limpiado profundamente, todo renovado junto con la gente en ese universo. Además, va a tener una metrópolis, una capital. Estamos hablando ahora de construir ciudades en el espacio, conectando satélites hasta que tengamos una ciudad en el espacio. Bueno, eso es maravilloso, pero Dios lo pensó primero y ha prometido hacerlo. Va a construir una ciudad espacial que, según la Biblia, tiene mil quinientos millas cuadradas.

La gente a veces me dice que si toda la gente que creo que va a volver a la vida vuelve a la vida el lugar va a estar bastante atiborrado. No, si tenemos un nuevo universo en el que vivir. No si una ciudad capital tiene tres mil novecientos kilómetros cuadrados. Toda Europa entraría en eso. Tomemos el lenguaje bíblico tal como es. No lo tratemos como cuentos de hadas. Estamos hablando de un nuevo universo y de una ciudad espacial.

"Vi a la Nueva Jerusalén bajar del cielo". Todo lo que el hombre construye es de abajo hacia arriba. Todo lo que Dios construye es de arriba hacia abajo. Nosotros construimos nuestras torres de Babel tratando de alcanzar el cielo, pero Dios viene y construye hacia abajo y nos dice que aquí está su ciudad. Él es el constructor y artífice del lugar en el que queremos vivir. Los planificadores siguen discutiendo sobre cuál es el trazado ideal para una ciudad. Nunca conseguirán el trazado ideal hasta que Dios envíe a la Nueva Jerusalén, y entonces los planificadores que son cristianos dirán: "¿Por qué no pensé en eso?". Esa es la ciudad ideal. Bueno, ¿dónde está? No lo sé. Solo sé que Jesús dijo: "Iré a prepararla y luego vendré a buscarlos". Eso es suficiente para mí.

¿Cómo es? Voy a enumerar ciertas cosas que no estarán allí, y ciertas cosas que estarán allí, y eso le dará la sensación del lugar. Permítame darle un ejemplo. En la ciudad celestial no habrá ningún santuario. Mientras que la mayoría de las ciudades terrestres tienen edificios religiosos con agujas, cúpulas o minaretes, en la ciudad celestial no habrá iglesias, ni capillas, ni templos. ¿Por qué? Porque se adorará a Dios en todas partes; no se necesitará ningún lugar para adorar. "No vi ningún templo allí, ningún santuario".

Hay una cosa que debo confesar que me decepcionará, pero el resto será tan maravilloso que lo olvidaré, estoy seguro. No habrá mar. Eso se dice claramente. El mar es un enemigo amenazante del hombre, y no habrá mar en el nuevo universo. Y aquí hay algo que francamente hará que algunas personas digan: "Eso será el infierno": no habrá sexo. El sexo nos fue dado para aquí abajo. Aquí lo necesitamos, pero allí no habrá sexo. Para los que han vivido para poco más, eso será justo lo contrario del cielo, pero ya ve, allí habrá amor verdadero para todos, estén casados o no aquí. Habrá el amor más pleno para todos, sin sexo.

No habrá sufrimiento, ni hospitales, ni asilos, ni sanatorios, ni colonias, ni prisiones, ni campos de refugiados, ni sufrimiento. No habrá separación, ni por la distancia ni por la muerte, y por tanto no habrá dolor. "Dios enjugará toda lágrima de sus ojos". No habrá sombras. Se nos dice que, como Dios es luz, el sol y la luna quedarán obsoletos y habrá luz por todas partes. No habrá callejones oscuros, no habrá sombras, no habrá oscuridad/luz; por eso una iglesia aquí abajo debe ser un edificio lleno de luz. Dios es luz. La gente habla de una vida religiosa oscura. Eso es totalmente pagano. Deberíamos tener las iglesias más luminosas posibles. Dios es luz. Sobre todo —y francamente, esto lo hará el cielo— no habrá pecado, ni mal humor, ni lujuria, ni ira, ni celos, ni envidia, ni mezquindades, ni chismes. ¿Pueden imaginarse esto? No puedo, pero no habrá ningún pecado.

Esas son las cosas que no habrá, pero ¿qué habrá? Bueno, aquí hay algunas otras cosas. Habrá descanso. Ahora, déjenme decirles de nuevo que esto no significa un montón de sillones y una especie de gran salón de aeropuerto. Es sorprendente la cantidad de gente que piensa así. El descanso del que habla la Biblia es el descanso de la frustración mental y espiritual. Jesús dijo: "Vengan a mí todos ustedes que están cansados y agobiados", y se refería a los que intentaban desesperadamente ser lo suficientemente buenos para Dios y no lo conseguían, y estaban frustrados y acorralados. Dijo: "Yo les daré descanso". El descanso en el cielo será estar ocupados, trabajando, sirviéndolo día y noche, en turnos de veinticuatro horas, pero será del tipo de descanso en el que no nos sentimos frustrados, en el que logramos lo que queremos hacer, en el que no estamos encorsetados, en el que no sentimos "ojalá fuera mejor de lo que soy". Eso será el descanso.

Habrá recompensas, y ya hablé de ellas el pasado domingo por la mañana, recompensas por servicios especiales, por martirio y por otras cosas. Habrá responsabilidad, y las responsabilidades del cielo se calificarán de acuerdo con la fidelidad que hayamos tenido aquí. Si hemos llevado bien nuestras responsabilidades aquí, tendremos mayores responsabilidades allí, así que habrá grados de responsabilidad. Habrá relaciones. No sé si alguna vez ha pensado en esto, pero tendrá un nombre diferente en el cielo. No me acercaré a usted y le diré: "Hola, Charlie Brown", o como sea que se llame allá arriba. No diré eso porque usted no dirá: "Hola, David Pawson". Tendremos nuevos nombres. Seremos muy diferentes de lo que somos aquí abajo. Seremos perfectos, lo que significa que nuestra naturaleza completamente glorificada exigirá un nuevo nombre, y por eso se nos van a dar nuevos nombres. Me pregunto cuál será su nombre en la gloria.

Habrá una revelación. No habrá tiempo de preguntas allí arriba. Entenderemos las respuestas a todos estos problemas. Habrá conocimiento y luz y revelación y entendimiento. Allí habrá justicia. No solo no habrá pecado, sino que habrá bondad, limpieza, rectitud y santidad. Hable con algunas personas acerca de un lugar donde solo hay santidad, y dirán: "Eso es el infierno", pero no lo es; es el cielo.

Habrá regocijo. Le diré algo; el coro estará un poco más lleno en el cielo porque usted estará en él. Yo sé que usted puede no tener oído musical ahora, o tal vez solo pueda hacer un ruido alegre al Señor aquí abajo, pero usted estará en el coro allí. Tendrás una voz gloriosa. Una de las primeras cosas que haremos en el cielo es aprender una nueva canción. También cantaremos la canción de Moisés.

Si estudia el último libro de la Biblia, descubrirá que allí se habla más del canto que en cualquier otro libro, salvo los Salmos, como si se nos dijera que en el cielo cantaremos, cantaremos, cantaremos. El Coro del Aleluya de Haendel sale del libro del Apocalipsis. Hay cantos a lo largo de todo el Apocalipsis, y todo esto es interminable. Algunas personas dicen: "Eso va a ser terriblemente aburrido". ¡No lo crea!

No me gustaría vivir aquí para siempre, y estoy de acuerdo con Fred Hoyle, el astrónomo, que una vez dijo en la radio que, si pudiera elegir, le gustaría vivir trescientos años. Consideraba que setenta u ochenta años eran demasiado cortos, pero que trescientos estarían bien. Eso es porque estaba en la tierra. La vida es demasiado corta para este mundo. Gracias a Dios lo es. Debería dejarnos insatisfechos. Si la vida fuera lo suficientemente larga para este mundo como para hacer todo lo que quisiéramos hacer, para explorar todo lo que Dios ha hecho, deberíamos querer quedarnos aquí más tiempo, pero estamos frustrados. Nos quejamos. Queremos prepararnos para el futuro porque la vida es demasiado corta.

¿Quiénes estarán allí? Alguien me dijo una vez: "Es cielo para el clima, pero infierno para la compañía". Muchos chistes van en ese sentido. De hecho, yo diría que, para la compañía, el cielo es el mejor lugar. Creo que una de las cosas más horribles del infierno será la falta de comunicación entre personas totalmente egoístas. Lo glorioso del cielo son las relaciones perfectas entre unos y otros. Ahora bien, ¿quiénes estarán allí? El cielo no está vacío. Estará poblado.

Hay cuatro cosas que yo diría aquí. En primer lugar, los santos estarán allí. Una familia enorme. Necesitaremos la eternidad para llegar a conocerlos a todos, pero será una familia enorme. Será una familia grande, tan grande que ningún hombre podría contarla. Será una familia variada, de todo tipo y tribu y lengua. Todos los colores, razas y culturas estarán representados allí. ¿No será interesante la vida cultural en el cielo? ¿No será interesante la música? Qué familia tan variada y qué familia interesante: los profetas, los apóstoles, los mártires, los reformadores. ¿A cuál le gustaría conocer primero? Daría lo que fuera por tener a Pablo durante una hora allí, solo para averiguar lo que realmente quería decir en ciertos versículos, pero entonces podré hablar con Pablo, conocer a este pequeño hombre que fue un gran misionero, y hablar con Abraham e Isaac y Jacob y Moisés y los apóstoles. Los santos estarán todos allí, todos tus parientes espirituales y no tendrá otros.

En segundo lugar, los ángeles estarán todos allí. Se está volviendo bastante atiborrado. Hay miríadas y miríadas de ellos. Si nunca ha creído en los ángeles, creerá en ellos entonces, porque los conocerá y compartirá el cielo con ellos. Lo sorprendente es que en este momento los ángeles están un poco por encima de nosotros, pero en el cielo estaremos un poco por encima de ellos. La voluntad de Dios es que estemos al revés. Se nos dice que los ángeles nos servirán en el cielo. No sé si alguna vez has tenido el lujo de tener sirvientes en la tierra, pero los tendrá en el cielo: ángeles para servirlo.

El Cordero estará allí. Jesús estará allí. ¿Qué aspecto tendrá? No lo sé. Veremos las huellas de los clavos en sus manos. A menudo me he preguntado qué aspecto tendrá. Nunca me he conformado con ninguna imagen. Una vez coleccioné postales, copias de todos los retratos de Jesús que se han pintado. Llegué a tener treinta, los miré a todos y dije: "Ninguno de ellos está bien". Así que hice uno propio al pastel. Le dediqué semanas de trabajo. Lo hice, lo rompí y lo tiré. ¿Qué aspecto tiene? Vamos a ver como es. Él estará allí.

Sobre todo, Dios el Padre estará allí. Es el hogar del Padre, y a los niños les encanta volver a casa, especialmente con un Padre tan amoroso como éste. Para la persona piadosa, creo que lo más maravilloso de todo será que es el hogar del Padre. Baden Powell fue un hombre que tenía una verdadera fe cristiana. Cuando murió, lo enterraron y pusieron en su lápida su nombre y sus fechas, y luego solo pusieron un círculo con un punto en el medio. ¿Sabes qué significa eso? Si fue un Boy Scout, sabrá lo que significa. Es una señal de rastreo, y significa "se ha ido a casa". Si quiere encontrarme ahora, tendrá que venir a mi casa. Sobre la tumba de cada cristiano podrías poner eso: "se ha ido a casa".

Bien, lo he llevado a través de la muerte, el estado intermedio, la resurrección del cuerpo, el juicio de las naciones, el infierno. Ahora estamos en el cielo. Quiero terminar leyéndole un texto del libro de Deuteronomio. Es algo que Moisés dijo justo antes de morir, y esto es lo que dijo a todos los hijos de Israel: "Hoy pongo al cielo y a la tierra por testigos contra ti, de que te he dado a elegir entre la vida y la muerte, entre la bendición y la maldición. Elige, pues, la vida, para que vivan tú y tus descendientes".

Quería terminar con ese texto porque no solo he estado hablando de cosas académicas. También he hablado de su futuro y del mío. Termino con estas palabras de Moisés porque, en cierto sentido, lo que él hizo por los hijos de Israel, yo lo he intentado hacer por usted de forma sencilla. Llamo al cielo y a la tierra para que sean testigos en este día de que he puesto ante usted los dos futuros alternativos que esperan a todo hombre y mujer: la vida o la muerte, la bendición o la maldición, el cielo o el infierno. Por lo tanto, digo: "Elija la vida para que pueda vivir".

¿Qué me dice eso? Dice lo siguiente: primero, que la Biblia tiene razón y que solo hay dos destinos; segundo, que no podemos elegir entre ellos. La única elección que podemos hacer es elegir el cielo. No necesitamos hacer nada para ir al otro lugar. Una vez vi un cartel en la puerta de una iglesia, que era un poco contundente, pero que decía la verdad, y era esto "El camino al infierno sigue recto; para el camino al cielo, gire a la derecha". Esa es la verdad. La elección que tiene que hacer es elegir el cielo, elegir la vida. Nadie ha terminado en el cielo por accidente. Muchas personas terminaron en el infierno de esa manera, o lo harán por las buenas intenciones y el resto, o simplemente por descuidar una salvación tan grande. Uno elige la vida.

Entonces, ¿cómo se elige ir al cielo? ¿Intentando vivir una buena vida? No. Solo se llega a dos tercios del camino, y eso no es suficiente. ¿Intentando ser religioso? No. ¿Afiliándose a una iglesia? No. ¿Bautizándose? No. ¿Tomando la comunión? No. Aunque todo eso tiene su lugar. ¿Cómo se elige la vida? Eligiendo a Jesús, así es, y dándose cuenta de que él pasó por el infierno para que nosotros pudiéramos ir al cielo, que fue maldecido para que nosotros pudiéramos ser bendecidos, que murió para que nosotros pudiéramos vivir, y que la cruz se trata de esto: él murió para que nosotros pudiéramos ser perdonados. Murió para hacernos buenos, para que por fin podamos ir al cielo, salvados por su preciosa sangre.

Solo espero que llegue el día en que miremos a nuestro alrededor y veamos a los miembros de nuestra congregación en la gloria, sin que falte ninguno. Vernos allí para siempre será simplemente el cielo en la presencia de Cristo. Lo que odiaría sentir sería que alguien se enfrentara a Cristo un día y que éste le dijera: "Pero tú sabías lo que tenías que hacer. Sabías lo que te deparaba el futuro. Fuiste a la Iglesia Bautista de Commercial Road en Guildford y escuchaste la verdad y sabías lo que podías hacer al respecto".

Oremos: Oh Dios, nuestro amoroso Padre celestial, has

hecho todo lo que había que hacer para abrirnos el reino de los cielos, y te agradecemos que las puertas se abran de par en par para todos los creyentes. Sabemos que en tu reino solo habrá mendigos, los que vengan a pedir misericordia, y te pedimos que nos hagas comprender que nuestro futuro depende de lo que hagamos con tus palabras, para que cuando llegue el gran día y llames a tu pueblo a la gloria, no faltemos. Te lo pedimos en nombre de Jesús y por él. Amén.

Milton Keynes UK
Ingram Content Group UK Ltd.
UKHW050429280324
440101UK00016B/1004

9 781913 472689